회심과 은혜

KB193016

회심과 은혜

발행일   2024년 3월 25일

지은이   이공래
펴낸이   손형국
펴낸곳   (주)북랩
편집인   선일영   편집   김은수, 배진용, 김부경, 김다빈
디자인   이현수, 김민하, 임진형, 안유경   제작   박기성, 구성우, 이창영, 배상진
마케팅   김회란, 박진관
출판등록   2004. 12. 1(제2012-000051호)
주소   서울특별시 금천구 가산디지털 1로 168, 우림라이온스밸리 B동 B113~115호, C동 B101호
홈페이지   www.book.co.kr
전화번호   (02)2026-5777   팩스   (02)3159-9637

ISBN   979-11-7224-029-5 03230 (종이책)   979-11-7224-030-1 05230 (전자책)

(주)북랩 성공출판의 파트너

북랩 홈페이지와 패밀리 사이트에서 다양한 출판 솔루션을 만나 보세요!

홈페이지 book.co.kr   •   **블로그** blog.naver.com/essaybook   •   **출판문의** book@book.co.kr

작가 연락처 문의 ▸ ask.book.co.kr

작가 연락처는 개인정보이므로 북랩에서 알려드릴 수 없습니다.

·✛· 신앙 고백 에세이집 ·✛·

회심과 은혜

이공래 지음

🌀 북랩

이 수필집은 『회심과 은혜』라는 제목과 같이 하나님의 사랑을 깨닫고 회심하여 하나님의 은혜로 살아온 필자의 인생 여정을 그려 내고 있다. 책자의 목차 구성을 계절의 변화에 비유하여, 예수님을 알기 전 신앙의 겨울을 지나 예수님을 영접한 후 봄, 여름, 가을로 이어지는 믿음의 성장과 결실 과정을 차례로 담박하게 서술하고 있다.

필자는 지금까지 살아온 모든 것들이 당연하거나 우연히 온 것이 아니라 하나님의 은혜였다고 고백한다. 실로 에베소서 2장 10절의 "우리는 그의 만드신 바라 그리스도 예수 안에서 선한 일을 위하여 지으심을 받은 자니 이 일을 하나님이 전에 예비하사 우리로 그 가운데서 행하게 하려 하심이니라"라는 말씀이 필자인 이공래 교수의 일평생 여정에 걸쳐 이루어졌음을 생동감 있게 증거하고 있다.

나는 산업연구원(KIET) 신우회 활동을 통하여 이공래 선배님과 만났고, 서로 다른 직장 생활을 거쳐 은퇴 후 지금까지도 주의 사랑 안에서 믿음과 학문의 선배로서 존경하고 교제를 이어 나오고 있다. 이 수필집은 전능하신 하나님을 동행해 온 이 교수님의 삶이 진실로 복된 삶이라는 것을 증명하는 글이자 아름다운 신앙고백서이다.

귀중한 이 교수님의 수필들이 미지의 독자 누군가에게 믿음의 길잡이가 될 수 있기를 간절히 소망하면서 이 책을 추천한다.

단국대학교 윤상철 명예교수

어릴 적 내게 아버지는 남자 이상형에 가까웠던 것 같다. 아직도 영국에 처음 도착했던 때, 남색 포드차(우리 가족의 첫차)를 끌고 공항으로 마중 나오셨던 아버지의 멋진 모습이 생각나고, 오랫동안 연구원으로 계셨던 회사 전화에 녹음되어 있던 차분하고 부드러운 목소리가 생생하다. 좀 더 자라서, 내가 공부의 길을 택할 무렵부터 아버지는 내게 진로와 학문의 롤 모델이 되셨다.

아버지는 내가 본 최고의 기획자며 계획자였으며, 마음과 생각으로 비전을 상상하고 이를 여러 가지 구체적인 절차와 과정을 기획해서 실행시키는 면은 나와 많이 닮아 있다. 그래서 우리는 늘상 감탄을 잘하고 가슴이 두근거리는 열정이 꽂히는 일을 쫓아간다. 그런가 하면, 아버지는 내게는 없는 근면 성실함과 기준에 대해 타협하지 않는 철두철미한 성품을 가지신 듯하다.

이런 올곧음과 한결같음은 큰언니가 닮아, 아버지의 또 다른 꿈인 선교의 영역을 잇게 되었다. 나이가 들면서는, 아버지의 섬세함과 자상함을 발견한다. 코로나19 격리 때, 히람하우스 연구동에 우리 가족이 머물게 되었을 때의 상세한 매뉴얼 편지라든지, 딸들을 곁에 두고 싶어 하시는 여린 마음이라든지, 손주들과 격 없이 놀아 주는 모습 말이다.

아버지의 삶에 관한 이 에세이집을 읽으며 때론 울고, 웃고, 마음을 쓸어내리고, 박수 치면서 영감과 통찰에 검색까지 하며 며칠 밤을 지새웠다. 춥고 배고프고 몸과 마음이 아프던 겨울을 지나, 예수님을 진정 경험하고 체험하는 봄, 주신 비전과 능력을 초과해 사용했던 여름의 계절을 지나, 히람하우스의 가을까지…. 한 영혼을 하나님께서 어떻게 사랑하시고 바꾸어 나가시는 기막힌 천로역정이라 흥미진진했다. 그것이 다른 이가 아닌 내 육신의 아버지 삶이라 감사하고 또 감사하다.

아버지가 내게 주신 교훈과 가르침은 너무 많으나, 그를 생각하면 나는 하나님께서 내게 일체의 비결을 가르쳐 주시며 "내가 내게 능력 주시는 이 안에서 모든 것을 능히 할 수 있을 것(빌립보서 4장 11-12절)"이라는 인생의 가장 중요한 확신과 믿음을 갖게 된다.

가족 구성원과 친척들이 모두 이 책을 읽고 예수님을 믿고 구원받는 귀한 계기가 되길 간절히 기도한다.

부산대학교 이신혜 교수

프롤로그

　이 세상에 오셨던 하나님의 독생자 예수님은 인간에게 버린 바 되었고 멸시를 당하셨다. 그는 내게 가까이 오기를 그토록 원하셨으나 나는 그를 외면하고 멀리 떠났었다. 그가 내 죄를 짊어지고 십자가 위에서 찔림을 당하시고 돌아가심으로써 내가 평화를 누리고 나음을 입었다는 진리를 깨닫고 예수님께 다시 돌아오기(回心)까지 얼마나 오랜 시간을 보냈던가!

　내 인생 여정에서 조그마한 영광이라도 있었다면 그것을 하나님과 그의 아들 예수 그리스도에게 돌리고 싶다. 할 수만 있다면 어떤 방식으로라도 내가 살아온 모든 것들이 당연하거나 우연히 온 것이 아니라 하나님의 은혜(恩惠)였다는 것을 고백하고 싶다. 또 가까이 있는 모든 분들에게 전하고 싶다. 이것이 이 책에 수록된 많은 수필을 쓴 목적이다.

　지금까지 가족 구성원들과 많은 만남을 가졌지만, 차분하게 앉아

단 한 시간이라도 진지하게 신앙 이야기를 하지 못했다. 내 주변에 늘 가까이 있었던 동료들이나 이웃들과도 마찬가지였다. 자신이 저주를 받더라도 같은 족속의 구원을 바란다고 말한 사도 바울의 고백이 내게 큰 충격을 줬고, 이 책을 만들도록 용기를 북돋웠다. 이 책을 통해서 아직도 믿음을 갖지 못한 가족과 친척에게 복음이 전해지기를 간절히 기도한다.

이 책을 쓰게 된 목적이 하나 더 있다면 믿는 사람들에게 믿음의 길이 다양하고 그중에는 '나의 길'도 있다는 것을 보여 주고 싶어서이다. 특별한 사람도 아니면서 자기 이야기를 책으로 만드는 것을 부정적으로 보는 시각도 있다는 것을 안다. 그러나 하나님께서 늘 나를 사랑하셨고 또 내 인생길 내내 동행하셨다는 사실과 믿음은 부끄러운 내 속살을 드러낸다 해도 숨길 수 없다.

나는 세상의 관점에서 특별함이라고는 전혀 없는 사람이다. 그럼에도 불구하고 나의 일상 속 하나님은 늘 나의 등 뒤에서 나를 바라보고 있었다. 그리고 내가 절실하게 하나님을 필요로 할 때마다 나에게 와 주서서 나를 밀어 주셨다. 나는 그것을 증언하고 싶을 뿐이다. 그리고 이 책을 읽는 모든 분들이 하나님께서 살아 계심을 믿고 복된 삶을 살기를 바라는 마음이다.

이 글을 겨울부터 시작하는 이유는 내 인생이 겨울 추위와 고생으로부터 시작했다고 생각하기 때문이다. 예수님을 알기 전까지의 내 인생은 춥고 어두운 겨울이었다. 방황하다가 내 마음이 예수님을 찾아서 돌아오기 시작한 이후부터 봄이 오기 시작했다. 봄이 온 이후에도 추위는 계속됐으나, 예수님을 영접하고 나서야 따뜻해졌다.

　예수님을 영접한 봄이 온 후부터 나에게는 여름이 왔다. 이어서 인생을 정리하는 시기이자 황금기라고 여겨지는 가을이 왔고, 세상을 보는 눈도 달라졌다. 내 믿음의 결실을 맺게 되는 가을을 인생 내내 얼마나 기다렸던가! 내 신앙과 삶의 과정을 되돌아보고 그것을 계절의 변화에 비유하면서 이 글을 쓰기 시작했고 또 맺는다.

2024년 2월

지은이 이몽래

차례

제1장 겨울

제2장 봄

제3장 여름

제4장 가을

제1장

겨울

배고프고 추웠던 어느 겨울

  내 삶 속의 예수님에 관한 수필집을 내기로 작정하고 '겨울'로 시작하는 글을 쓰기로 했다. 겨울은 아름다운 눈 내리는 하늘 모습을 보면서 따뜻한 모닥불 옆에 앉아 이야기를 나누는 동화적인 모습도 있지만, 배고프고 매서운 추위를 이겨 내야 하는 혹독한 모습도 있다.

  예수님을 믿지 않고 그분의 말씀에 순종하지 않았던 나, 우리 형제들, 부모님 모두의 삶은 혹독한 겨울을 사는 것으로 비춰졌다. 중학교에 진학하기 위해 시골집을 떠난 후부터 매서운 겨울이 찾아왔다.

  어머니는 발걸음이 떨어지지 않았지만, 시내에 방을 하나 얻은 후 나를 두고 떠났다. 중학교 1학년밖에 안 된 어린 내가 감당하기에 어려웠지만, 내가 중학교 공부를 할 수 있도록 허락해 주신 것에 감사해하면서 부푼 마음으로 혼자 살기 시작했다.

  남원중학교는 남원시 초입에 있는 '만인의총' 옆에 있었다. 학교 동쪽으로는 멀리 지리산이 보이는데, 3월까지 눈이 녹지 않아 하얀 봉

우리를 드러내고 있었다. 매주 월요일 아침 조회 때면 길게 줄을 서서 교장 선생님의 훈화를 듣곤 했는데, 그 모습과 함께 눈에 덮인 지리산 봉우리 모습이 겹쳐 떠오른다.

자취 생활을 하면서 가장 견디기 어려웠던 것은 추위였다. 아궁이에 충분히 불을 때야 방바닥이 따뜻해지는데, 어린 중학생이 그렇게 하기는 어려웠다. 그래도 밥은 지어서 먹어야 했기 때문에 밥을 충분히 해서 도시락통에 넣고, 이것을 따뜻한 이불 속에 넣으니 따뜻했다.

그렇게 겨울을 나다 아토피성 피부 질환이 찾아왔다. 온몸이 가려워서 견딜 수 없어 마구 피부를 긁었다. 내 몸은 긁은 상처투성이가 됐다. 누군가가 아토피 피부는 온양에 있는 온천에 가서 목욕을 하면 낫는다고 말하는 것을 들었다. 용기를 내서 기차를 타고 온양을 갔다. 여기저기를 기웃거리다 마침내 대중 온천탕을 찾아가 목욕하는 데 성공했다.

온천욕을 했다고 해서 아토피 피부가 나아진 것은 아니었다. 내 삶속 내내 알레르기성 피부염과 비염으로, 눈으로 발전하면서 나를 괴롭했다. 하나님께서는 아직 믿음도 없는 어린 나에게 왜 이런 고행의 길을 걷게 했을까? 야곱을 훈련시킨 하나님께서 나를 훈련시킨 것이었을까?

어렸을 때 생긴 내 몸의 가시는 내 인생 내내 나를 따라다녔다. 예수님을 영접한 이후 나는 사도 바울이 몸에 박힌 가시를 안고 살면서 하나님으로부터 "내 은혜가 네게 족하도다(고린도후서 12장 9절)"라는 메시지를 받았음을 알고 나서, 참고 사는 것에 익숙해졌다. 배고 프고 추웠던 그해 겨울을 상상하면 아마도 자족하는 연습을 하고 있었던 것 같았다. 어렸을 때의 내 삶을 생각하면 야곱의 돌베개가 머리에 떠오른다. 창세기 28장 15절에 하나님께서 야곱에게 나타나 이러한 말씀을 주셨다.

"내가 네게 허락한 것을 다 이루기까지 너를 떠나지 아니하리라"

야곱은 이곳을 하나님의 집이요 하늘의 문이라고 고백하면서 베개로 삼았던 돌을 가져다가 기둥으로 세우고, 그 위에 기름을 붓고, 그곳 이름을 '벧엘'이라 불렀다.

하나님을 믿는 자라면 야곱이 명명한 것과 같은, 누구나 각자의 '벧엘'이 있을 것이다. 다양한 어려움 속에서 방황하다가 어느 순간 기적적으로 예수 그리스도를 만나고 삶을 반전시킨 경험 말이다. 귀한 체험을 나눈다는 것은 아름다운 일이다. 교우들과 예수님과 만났던 체험담을 나누고 싶지만, 실상은 그런 대화나 모임이 흔치 않다.

나에게도 무엇이 내 인생의 벧엘인지 찾아본다. 중학교 시절 어렵고 힘들었지만, 하나님을 만나지 않았으니 나에게는 아직 벧엘이 아니었다. 나의 청년 시절은 하나님을 외면했으므로 벧엘이 있을 수 없다. 33세가 돼서야 예수님을 진정으로 영접했으니 말이다. 예수님과의 나의 기적적인 만남 이야기는 다음 장에서 고백한다.

눈으로 덮인 지리산 자락

크리스마스트리로 장식된 대율교회

매년 12월 25일, 성탄절이 오면 누구나 마음이 설렌다. 가장 많이 기억에 떠오르는 상징물은 크리스마스트리다. 소나무나 전나무 등 상록 침엽수를 집 안이나 야외에 설치하고 전등과 장식품 등으로 꾸민다.

크리리스마스트리의 기원에 관해서는 여러 설이 전해지고 있는데, 그중 하나는 영국인 선교사 보니파티우스(Bonifatius)로부터 유래된 것이다. 그는 게르만족이 해마다 숲속의 전나무에 사람을 제물로 바치는 것을 보고, 옳지 않은 일이라 생각해 이 나무를 베어 내 제물이 될 사람들을 구해 냈다고 한다. 제물로 바쳐질 위기에 빠졌던 사람들은 안도했으나, 사람들은 나무를 베어 낸 결과로 재앙이 닥칠 것을 두려워했다. 그렇지만 그 나무가 다음 해 봄에 다시 싹을 틔운 것은 물론, 어떤 재앙도 일어나지 않았으므로 이에 감복한 사람들이 이 나무에 모여 예배를 드렸는데, 이것이 뒤에 크리스마스의 장식으로 사용되었다는 것이다.

크리스마스트리 장식물은 19세기 초 독일에서 북유럽 국가로 전파되었고, 1841년에는 빅토리아 여왕의 남편인 알버트 공에 의해 영국에 소개됐다고 한다. 우리나라에는 19세기 말 20세기 초에 걸쳐 미국 개신교 선교사들에 의해 크리스마스트리를 세우는 풍습이 전해졌다.

내가 다녔던 남원 대율교회는 동네 앞 조그만 시냇가 옆에 있었다. 초등학교 시절, 하얀 눈이 수북이 쌓인 산에 올라 소나무를 베어 끌고 내려와서 크리스마스트리를 만들어 교회 앞에 세웠다. 소나무로 만든 크리스마스트리를 교회 앞에 세운 다음 성탄절 이브를 손꼽아 기다리곤 했다.

2020년의 대율교회 모습

성탄절 이브가 다가오면 장작이 활활 타오르는 난로 뒤에 앉아 이야기 대회, 찬양, 선물 받기 등 다양한 행사를 가졌다. 나는 이브 저녁에 있었던 이야기 대회에서 '홀어머니를 부양한 복동이' 이야기로 상을 받았는데, 지금도 이 이야기를 잊지 않고 손자들에게 들려준다.

크리스마스트리로 장식된 대율교회에 대한 아름다운 추억을 간직하고 있음에도 불구하고 어렸을 때 진정으로 예수님을 알게 됐다고 보기는 어렵다. 초등학교를 졸업하고 남원 시내에 있는 중학교에 진학한 이후부터는 교회를 다닌 기억이 없다. 간혹 대율교회에 가서 예배에 드리고, 목회자였던 김애자 전도사를 만났던 기억만이 남아 있다.

김애자 전도사는 신학교를 졸업하고 오지 중 오지인 대율교회에 부임한 후, 은퇴할 때까지 한 번도 교회를 떠나지 않았던 참된 목자였다. 그는 처녀 전도사로 교회에 부임한 후 결혼도 하지 않고, 목회자라면 누구나 얻는 '목사 안수'도 받지 않은 채 정년까지 지극히 낮고 낮은 시골 교회에서 봉사하고 은퇴했다.

언젠가 전주 예수병원 근처에 있는 은퇴자 주택에 찾아가 만났을 때, 그는 현재의 삶에 아주 만족하고 있다고 말했다. 대율교회를 거쳐 도회지로 나간 여러 자매 형제들에 대한 소식을 그분을 통해서 들었다. 고향을 멀리 떠난 그들이 행여나 배고프게 살지나 않을까, 몸이 아프지는 않을까 늘 걱정하면서 간절히 기도하고 있음이 분명했다.

그분은 이 땅에 인간의 몸으로 오셔서 아프고, 배고프고, 핍박받고 있던 사람들을 긍휼히 여기셨던 예수님을 닮은, 우리 시대의 참된 목회자였다.

할머니는 천국에 갔을까?

    푸른 산, 논, 밭 그리고 맑은 시냇물이 어우러져 한 폭의 그림과 같은, 아름다운 고향의 모습은 늘 나의 어린 시절을 상상할 때마다 지울 수 없는 부분이다. 내 고향은 지리산 줄기인 춘향이 고개와 이 도령 고개 중간 부근이다. 이도령이 장원 급제 한 후 춘향이를 만나러 오던 중, 변 사또에 관한 민심을 살폈던 박석고개가 그곳이다.

    부모님은 그리 많지 않은 농사를 지으면서 7남매를 낳아 길렀다. 할아버지와 할머니 그리고 이따금 작은할머니까지 한데 모여 살았으므로 우리 집 식구는 열 명이 족히 넘는 대가족이었다. 그중에서 나는 맨 마지막 막내였다. 나는 항상 '막내'로 불리었다.

    할아버지는 모든 가족에게 최고 가장의 위엄을 지켰다. 아침부터 잠자리에 들 때까지 유교식 생활 태도를 강조하는 매우 엄격하고 무서운 분이었다. 양놈들의 교육이라며 형들을 학교에 못 가게 했던 완고한 할아버지는 왠지 내가 공부하는 것은 자랑스러워했다. 그 덕에 우리 반 아이들의 절반 밖에 못 간 읍내 중학교를 다닐 수 있었다.

할머니는 우리 가족 모두에게 그리운 분이다. 생활비를 벌겠다고 늘 밖으로 나가 사신 어머니 대신 집안 살림을 도맡았다. 초등학교 다닐 때 학교에 갔다 오면 나를 와락 안아 주셨다.

"내 새끼, 배고팠지?"

홍시 감 하나와 가래떡 하나를 다락방에서 꺼내와 내게 주시던 기억이 생생하게 떠오른다.

할머니의 빈틈없는 사랑으로 나는 하루하루 생활이 너무나 즐거웠고, 부모님이 없음으로 인해 생기는 마음의 상처 없이 어린 시절을 보냈다. 그런 할머니가 내가 중학교 1학년 때 돌아가셨다. 학교에서 돌아오니 어른들이 말했다.

"네가 그렇게 좋아했던 할머니 모습을 마지막으로 한번 봐라."

할머니 시신을 덮고 있었던 흰 천을 걷었다.

할머니는 너무나도 온화하고 편안한 모습으로 반듯하게 누워 있었다. 나는 실감이 나지 않았다. 지금도 할머니의 그 모습이 생생하게 떠오른다.

할머니 품 안에서 자란 내게는 할머니가 늘 가슴속에 살아 있다. 세월이 흐를수록 할머니에 대한 추억이 아련하게 떠오르고, 할머니의 사랑이 가슴 저리게 다가온다.

부모님의 사랑과 마찬가지로 할머니의 사랑도 위대하다. 그 사랑으로 인해 오늘의 내가 있다고 생각한다. 가래떡을 볼 때마다 또 홍시 감을 볼 때마다 할머니의 사랑을 느끼곤 한다. 할머니의 사랑이 그것에 투영돼 내 기억 속에 진하게 묻어 있기 때문이 아닐까.

내가 예수님을 영접하고 신앙생활을 시작한 후 계속 궁금증을 갖는 것은 '예수님을 모르고 가신 할머니가 천국에 갔을까?' 하는 의문이다. 나는 예수님을 믿으므로 천국에 갈 수 있지만, 내가 그리워하는 할머니를 과연 천국에서 만날 수 있을까? 천국에 계시기만 한다면 만날 수 있으니 얼마나 좋을까. 요한복음 16장 6절에는 다음과 같이 기록되어 있다.

"예수께서 이르시되 내가 곧 길이요 진리요 생명이니 나로 말미암지 않고는 아버지께로 올 자가 없느니라."

이 말씀은 예수님을 모르면 하나님의 나라에 들어갈 수 없다는 것을 암시한다.

우리는 하나님이 세상을 사랑하기 때문에 독생자 예수님을 보내주셨으므로 예수님을 믿는 자마다 영생을 얻게 된다(요한복음 3:16)는 것을 믿고 있다. 로마서 10장 9절에서도 다음과 같이 기록되어 있다.

"입으로 주 예수를 시인하고 또 하나님께서 예수님을 죽은 자들로부터 살리신 것을 마음에 믿으면 구원을 받는다."

이 말씀들은 예수님께서 우리를 위해 십자가에 달려 죽으셨고, 다시 부활하였음을 믿을 때 우리가 구원받을 수 있다는 것을 알려 준다.

그러면 예수님을 한 번도 접하지 않은 사람이 천국에 갈 수 있을까? 이에 관해서는 성경에 명확하게 언급돼 있지 않다. 신학자에 따라 "그의 행적을 보고 하나님께서 구원을 결정하실 것이다."라고 주장하는 사람도 있고, "예수님을 알고, 믿지 않으면 지옥을 간다."라고 주장하는 사람도 있다. 유대교에 의하면 유대인은 율법으로 판단받고, 이방인은 양심으로 판단받는다고 한다.

가톨릭 교리서에 따르면 자기 탓 없이 예수 그리스도의 복음과 그분의 교회를 모르지만, 진실한 마음으로 하나님을 찾고 양심의 명령을 통하여 알게 된 하나님의 뜻을 실천하려고 노력하는 사람은 구원을 받을 수 있다고 한다.

그렇다면 예수님을 접하지 못하고 돌아가신 할머니가 천국에 가 있을 가능성이 높지 않은가! 그리운 할머니를 천국에서 만난다는 희망을 갖게 되니 가슴이 벅차다. 내 육신이 후패해도 천국에서 예수님과 그리운 사람들을 만날 수 있다면 무엇을 더 원하랴.

파출소에서 지낸 하룻밤

아버지는 내가 초등학교에 들어가기 전에 집에 딱 한 번 와서 얼굴을 봤다. 할머니께서 아버지와 함께 겸상을 차려 줬다. 식사를 하면서 아버지는 몇 마디 이야기를 했던 것 같은데, 가족 친지들에게 대한 원망이었던 듯싶다. 나를 안아 주지도 않았고, 따뜻한 말도 없었다. 그리고 식사를 한 후 아무 기약 없이 다시 떠나 버렸다.

고등학교에 진학한 후의 일이다. 어렸을 때는 그렇지 않았는데, 유난히 아버지의 모습이 어른거렸다. 사춘기가 고등학교에 시절에 온 것이었는지 모르겠다. 내가 태어나기도 전에 집을 나간 후 서울에서 작은 살림을 차렸다고만 들었을 뿐이다.

아버지가 살아 있다고 하니 편지를 쓰기로 했다. 정성 들여 여러 장의 편지를 썼고, 어떻게 주소를 구했는지 우편으로 보냈다. 그 내용이야 기억나지 않지만 아버지를 그리워하는 사부곡이었을 것이다. 그 뒤로 아무런 소식도 없었고 답장도 없었다.

고등학교에 들어가고 첫 방학을 맞이했을 때 서울 숭인동에 살고 있었던 큰 누님댁에 갔다. 그런데 도착한 날 뜻밖에 매부께서

"너희 아버지께서 돌아가셨단다. 너희 아버지 사는 곳에 다녀와야 하겠다."며 나를 데리고 미아리 고개를 넘어 삼양동 언덕길을 올라갔다. 언덕 위 어느 집에 도착하니 장례식이 아니라 영정 사진과 함께 제사 드리는 상이 차려져 있었다.

아버지 얼굴도 기억에 없고, 아름다운 추억도 없으니 눈물이 나올 리가 없었다. 멍멍할 따름이었다. 배다른 형이라는 분이

"네가 왔구나. 아버지가 사고로 돌아가셨는데, 네가 보냈던 편지를 몸에 지니고 다니시다가 돌아가셨더라. 너를 얼마나 많이 생각했겠니."라는 말을 내게 했다. 아버지와의 아름다운 추억이 조금만이라도 있었더라면 이런 이야기를 듣고 눈물을 펑펑 쏟았을 것이다. 그러나 무감각이었다.

얼마나 지났을까. 매부가 집으로 돌아가자고 내 손을 잡았다. 우리는 삼양동 골목길을 걸어서 내려왔다. 12시가 넘었다. 당시는 12시에 통행금지가 있었기 때문에 택시도 없었고 버스도 끊겼다. 그렇다고 여관으로 갈 수도 없어 미아리 고개를 걸어서 넘었다. 돈암동 성북천을 따라 숭의동을 향해 무작정 걷다가 어느 파출소 앞에서 검문에 걸렸다.

"통행금지 시간에 어딜 갑니까?"

매부가 자초지종을 이야기하니 경찰관이 혀를 끌끌 차며 말했다.

"지금은 갈 수 없고, 파출소에서 머물다가 새벽 4시 통행금지가 해제되면 가세요."

하는 수 없이 파출소에서 우리는 뜬눈으로 밤을 지새웠다. 나는 이 이야기밖에 아버지에 관한 기억이 없다. 아버지에 대한 대화를 하게 되면 나는 알 수 없는 콤플렉스 속에 빠진다. 어린 시절 아버지와의 추억이 많은 사람들에게는 아마도 이해하기 힘든 이야기일 수도 있겠다.

아버지에 대한 나의 콤플렉스는 예수님을 영접한 이후부터 사라졌다고 믿는다. '아버지'라는 단어가 어색한 단어였지만 기도를 하면서부터, '아버지 하나님'을 소리쳐 부르면서부터 아주 자연스러운 용어가 됐다. 성경에 하나님을 '아버지 하나님'으로 표기된 곳을 수없이 발견한다. 진정한 아버지는 육신의 아버지가 아니라 영의 아버지인 것이다. 사도 바울이 말한 것처럼 우리가 그를 힘입어 살며 기동하며 존재하는 것이다.

"범사에 우리 주 예수 그리스도의 이름으로 항상 아버지 하나님
께 감사하며" (에베소서 5장 20절)

"아버지 하나님과 주 예수 그리스도에게로부터 평안과 믿음을 겸한 사랑이 형제들에게 있을지어다." (에베소서 6장 23절)

"골로새에 있는 성도들 곧 그리스도 안에서 신실한 형제들에게 편지하노니 우리 아버지 하나님으로부터 은혜와 평강이 너희에게 있을지어다." (골로새서 1장 2절)

인생을 다 살고 나서 이런 내 삶이 혹 우리 딸들에게 아빠 역할을 제대로 하지 못하지나 않았을까, 걱정되는 점이다. 사실 아내로부터 여러 번 내가 딸들에게 말로 상처를 줬다고 지적받았다. 정말 나의 말 때문에 상처를 받았다면 우리 딸들이 아빠의 성장 배경을 이해하면서 아빠의 부족한 점을 너그럽게 용서하기를 바랄 뿐이다.

소년 같은 이일상 선생님

이일상 선생님은 고등학교 시절 유일하게 깊이 기억에 남는 선생님이다. 그를 만난 지 반세기가 지났지만, 아직도 그의 소년 같은 미소와 따뜻하고 자상한 모습이 기억 속에 생생하다. 왜 많은 교사들 중에서 그만 그토록 오랫동안 기억 속에 남아 있을까?

그는 학생들을 진정 사랑으로 가르치는 분이었다. 교사의 사표가 무엇일까? 사랑, 훈계, 지식 전수, 좋은 습관 가르치기 등등 교사들이 할 일은 많을 것이다. 그러나 진정한 사랑으로 학생들을 대하는 것이야말로 가장 어렵고 영향력 있는 일이 아닐까?

오늘날 교권과 학생 인권 사이에서 좀처럼 갈 길을 찾지 못하고 있는 우리 사회를 보면서 옛날에 겪었던 이일상 선생님을 다시 생각하게 된다. 학생의 인권을 강조하다 보니 교사의 교권이 약화되는 요즘 상황 속에서 옛날 고등학교에서 일어났던 하나의 이야기는 많은 시사점을 던져 준다.

이일상 선생님은 나를 많이 사랑해 주셨다. 집에 두세 번 정도 초청해서 집밥을 챙겨 주셨는데, 집을 떠나 외지에서 하숙 생활을 하는 나에게 특별한 배려를 하신 것으로 여겨졌다. 지금도 그런 교사들이 있는지 모르겠다. 학생 한 사람 한 사람의 가정사까지 파악하면서 특별한 배려가 필요한 학생을 챙기는 그런 선생님이야말로 진정한 선생님이 아닐까?

그는 소위 문제 학생에 대해서도 많은 배려를 하였다. 간혹 술이 거나하게 취해 점심시간에 교실에 나타나는 같은 반 학생 한 명이 있었다. 그는 학교 밖에서 자해를 하는 등 꽤나 많은 문제를 일으켰고, 반에서도 다른 급우들과 잘 어울리지 못했다. 이일상 선생님은 그를 내 옆자리에 앉혀 나와 친하게 지내도록 배려했다. 아마도 내 옆자리에 앉히면 그가 여러 면에서 순화될 것으로 기대했던 것 같았다. 나는 영문도 모른 채 나름대로 노력을 했지만, 쉽게 가까워지지는 않았다.

언젠가 이일상 선생님은 어느 학생 때문에 꽤나 속상한 일이 있었는지 매를 들고 나타났다. 우리는 모두 긴장해서 어떻게 매를 때리나 집중해서 보고 있었다. 결국 그는 매 때리는 것을 실행하지 못하고, 밖으로 나가 연못가에 앉아 매로 물을 후려치고 있었다. 매는 들었으나 학생을 때리지는 못하고 대신 물을 치는 것으로 화를 풀었던 것이다.

학생들에게 늘 자상하게 대해 주시고, 사랑이 많았던 이일상 선생님은 우리가 졸업한 후 많은 세월이 지나지 않은 어느 날 심장마비로 돌아가셨다. 이 소식을 듣고 나는 한동안 안정을 찾지 못하고 슬퍼했다. 그 후 사모님을 잘 보살펴 드려야 하겠다고 마음은 먹었지만, 지금까지 찾아뵙지도 못하고 있어 늘 죄송한 마음만 간직하고 있을 뿐이다.

수학여행 중 이일상 선생님과 함께

인생을 살아오면서 수많은 사람을 만나고 또 헤어진다. 헤어진 사람들 중에서 오랫동안 그리워지는 사람이 있는데, 그들은 대개 나에게 따뜻한 사랑을 베풀었던 분들이다. 사랑이란 꼭 주고받는 것이 아닌 것 같다. 나에게 많은 사랑을 베풀었지만 나는 정작 조금도 이를 되갚지 못한 분들이 많기 때문이다. 그러나 이런 분들을 오래오래 잊지 못하면서 감사하고 또 기억하게 된다.

오랫동안 기억되는 사랑을 생각하다 보면 하나님과 예수님의 사랑을 말하지 않을 수 없다. 하나님께서는 독생자 예수님을 우리의 죄를 대속하기 위하여 이 땅에 보내셨고, 예수님은 인간의 죄로 인해 십자가에 못 박혀 죽으셨다. 인간의 죄를 한 몸에 짊어지고 제물로 죽으신 것이다.

예수님은 살아 계시면서 수많은 병자들을 치료했고, 또 이들을 먹이는 사랑을 베풀었지만 예수님에게 돌아온 것은 저주와 비난과 채찍과 십자가에 달려서 죽는 것뿐이었다. 인간의 죄성이 얼마나 심각한지 적나라하게 드러난 사건이었다.

예수님의 희생으로 말미암아 우리가 죽어도 다시 살 수 있게 됐으니 이보다 더 큰 사랑이 어디 있겠는가? 예수님은 죄로 인해 지옥의 나락으로 빠질 수밖에 없는 나를 자신을 희생해서 구원하셨다. 예수님을 믿고 그분의 말씀을 따르기만 하면 우리의 죄 문제를 근본적으로 해결할 수 있는데, 이 진리를 믿지 않고 거부하는 사람들을 보면 너무나 안타까울 뿐이다.

뒤늦게 깨달은 내가 갈 길이 아닌 길

　내가 갈 길과 가지 말아야 할 길을 판단하는 것은 대단히 중요하다. 가지 말아야 할 길을 가는 사람은 대개 후회하는 인생을 살게 된다. 누군가가 "길 위에 길이 있다."라고 언급한다. 긴 인생 여정의 방향을 큰길이라 한다면, 그 큰 여정의 길 위에서 수많은 작은 길을 걷게 되는 것을 의미하는 것일 거다. 길 위에 길이 있다지만 큰길이 잘못 선택되면 그 위의 작은 길들은 험난할 것이다. 그러면 어떻게, 무엇으로 큰길을 판단할 수 있을까? 말할 나위 없이 신앙적 가치관이 큰길을 선택하고 판단하는 데 가장 중요한 요인이다. 하나님이 내 인생의 큰길을 이미 정해 놨다고 말하면 '운명 예정'이라고 할 수 있고, 자기 스스로가 더듬어 길을 찾는다고 말하면 '운명 개척'이라 할 수 있겠다.

　우리의 인생 여정은 어쩌면 운명 예정도 아니고 운명 개척도 아닌, 중간의 어디쯤일 거라고 믿는다. 하나님은 우리에게 자유 의지를 주셨기 때문이다. 하나님과 인간 간의 끊임없는 대화와 상호 작용 속에서 인간은 하나님의 보호와 인도하에 자기의 길을 반쯤 더듬어 찾아가는 것이 아닐까? 내가 고등학교 학생 시절에 겪었던 인생의 길 찾기 이야기 하나를 하고자 한다.

우리가 학교 다니던 시절엔 중학교나 고등학교 모두 시험을 치르고, 상당한 경쟁률을 뚫고 상급 학교에 진학했다. 그만큼 청소년 인구가 많은 반면 중고등학교 수는 적어서였다. 초등학교 6학년 때는 중학교 입시 공부 하느라, 중학교 3학년 때는 고등학교 입시 공부를 하느라 여념이 없었다. 어렸을 때부터 치열한 경쟁 속에 노출됐고 그만큼 각박하게 살았다.

나는 남원중학교를 마치고 상당한 경쟁률을 뚫고 전주공업고등학교에 입학했다. 인문계 고등학교는 대부분 '동일계 진학'이라는 고입시 정책으로 인해 병설로 붙어 있는 중학교 학생들이 입학했다. 따라서 대부분의 인문계 고등학교는 타 중학교 학생들에게 입학이 허용되지 않았다. 이 때문에 병설 중학교를 갖고 있었던 전주공고는 서중학교 졸업생을 받는 한편, 일부는 타 중학교 졸업생을 입시를 통해서 선발했다. 전주서중학교 졸업생들은 영문도 모른 채 전주공고로 입학했다.

전주는 전라북도의 도청 소재지로서, 인구도 남원시보다 몇 배는 많았다. 당연히 설렘으로 전주에서의 고등학교 생활을 시작했다. 전주는 멋진 기와집도 많았고, 도로가 넓고, 차도 많았다. 학교에서는 남원만이 아닌 진안, 무주, 순창, 정읍, 고창, 김제 등 전북의 여러 지역 출신 학생들이 입학했기 때문에 이야깃거리가 많았고 흥미로웠다.

"전주공고가 실업계 고등학교구나!"

그렇게 느낀 것은 학교생활을 시작한 후 얼마 지나지 않아서였다. 하루 종일 실습 공장에서 실습을 하는 날도 있었고, 용접, 목형, 주물, 선반 가공 등 기계 기능공으로서의 자질을 갖추기 위한 기술 교육을 받았다. 등교하자마자 짙은 회색빛 실습복으로 갈아입고 강의보다는 실험 실습 위주의 학교생활을 했다.

학교생활을 시작한 지 1년이 채 못 되어 "우리 학교는 대학을 갈 수 없는 곳"이라는 이야기가 흘러나왔고, 일부 학생들이 수군대기 시작했다. 반에서 몇 명은 마침 새로 탄생한 인문계 학교인 '전라고등학교'로 전학을 가고 자리를 비웠다. 일부 선생님들은

"열심히 기술을 배워서 좋은 회사에 취업을 하여 부모님께 효도하는 것이 너희들의 목표다."라고 훈계하였다. 이런 선생님들의 훈계가 있자, 학생들은 오히려 진로에 관해 더 심각하게 고민하기 시작했다. 대학 진학을 원하는 학생들은 수학능력고사를 치러야 하는데, 영어, 국어, 수학 등 중요한 과목의 강의 시간이 주당 2~3시간 정도밖에 배정되지 않았으니 불안할 수밖에 없었다. 일부 학생들은 방과 후에 학원을 다녔으나, 부모님의 지원을 받지 못하는 학생들은 독학을 하는 수밖에 없었다.

나도 대학에 진학하기로 결심하고 영어, 수학, 국어 등 수능 시험

과목을 독학으로 공부하기 시작했다. 몇몇 반 친구들끼리 그룹을 만들어 해당 과목 선생님에게 특별 지도를 받기도 했다. 고등학교를 졸업하기 위해서는 기술 과목도 이수해야 했으니 이중적으로 학습을 해야 했다.

열심히 대학 진학 준비를 했지만 독학으로는 역부족이었는지 대학 입학시험에서 연속으로 낙방하고, 결국 재수 생활을 1년이나 한 후에야 대학에 진학하였다. 공고 졸업과 재수 생활은 줄곧 나의 콤플렉스가 되었고 오랫동안 자존감이 낮아졌던 요인이 됐다.

고등학교를 졸업하고 취업하여 부모님께 효도해야 할 내가 엉뚱하게 대학에 진학한 것이 나의 선택일까? 아니면 하나님의 인도하심이었을까?

대학에 진학하지 않았던 내 동창들은 당시 중화학공업 기업체들이 들어선 울산, 창원, 여천 등 산업 단지에 취업해서 고향을 떠났다. 그들은 낯선 타지에 가서 회사에 적응하고, 결혼하고, 아이들을 낳아 가정을 이루면서 고단한 인생길을 묵묵히 걸어왔다. 나는 그들을 진심으로 존경하고 있다. 그들이 나보다 더 '귀한 길'을 걸었다고 생각한다.

두드려도 응답 없는 예수님

예수님을 믿으려고 아무리 노력해도 도무지 믿어지지 않는다면 어떻게 해야 할까? 예수님을 아직 믿지 못하는 분들에게 "믿음은 하나님이 주시는 선물입니다. 귀하는 아직 선물을 받지 못했네요."라고 답한다면 비록 이것이 맞는 답변이라 할지라도 듣는 사람은 기분이 별로 좋지는 않을 것이다.

모태 신앙을 갖지 못한 기독교인들에게는 살아가는 중에 기적과도 같은 믿음의 순간을 체험하게 된다. 나에게도 예수님을 만난 순간이 있었다. 그러나 여기서는 그 반대의 체험 이야기를 하고자 한다.

"아무리 두드려도 응답이 없는 예수님."

내가 인하대학교에 입학한 후 1년 정도 지났을 때의 일이다. 대학 생활이 기대와는 달리 너무 외롭고 힘들었다. 고향을 떠나 낯선 인천에서의 삶이 적응하기도 힘들었고, 학업에도 그다지 흥미를 느끼지 못했다.

친구들을 만나 위로를 느끼기도 했지만 잠시일 뿐, 헤어진 후 자취방에 돌아오면 다시 외롭고 쓸쓸했다. 대학을 다닌다는 것이 부질없는 일처럼 느껴졌고, 아름다운 고향과 가족이 그리웠다. 내가 느꼈던 외로움은 어쩌면 친구들로부터 위로를 얻을 수 있는 것이 아니었다.

환경을 바꾸면 좀 나아질까 하여 송도 바닷가 조그만 단독 주택에 월세방을 얻어 이사를 했다. 그 집은 바다가 내려다보이는 언덕에 위치하고 있어 저녁노을이 보기에 좋았다. 마당 앞에 포도밭이 있었는데, 포도가 열린 풍성함과 가을 포도나무 단풍잎이 아름다웠다. 저녁때면 포도밭과 바닷가 풍경이 외로움을 달래 줬다.

어느 날, 매부가 돌아가신 후 혼자 살던 큰누님이 나와 함께 당분간 지내기로 하고 와 있었다. 큰누님은 매부를 잃은 슬픔 때문인지 좀처럼 말을 하지 않고 넋 나간 사람처럼 방 안에 앉아만 있었다. 지금 생각해 보니 우울증이 온 것인데, 어린 내가 그것을 알 리 없었다. 내 마음도 어두움에 깔려 있던 차에 누님의 우울한 모습은 내 영혼을 더욱 짓눌렀다. 나의 송도 바닷가 생활은 행복하지 못했다.

술을 마시면 어두운 마음이 사라질까 하여 술을 마시기 시작했다. 내 인생 중 술을 가장 많이 마셨던 때가 그 시절이었다. 언젠가 친구들과 거의 인사불성이 될 정도로 소주를 실컷 마셨다. "이렇게 해서 죽는가 보구나."라고 생각됐다. 어떻게 다시 살아났는지 모르겠다. 그때 만났던 친구들 중 그런 내 모습을 기억하는 사람이 있을지 모르겠다.

그러던 어느 날, 옛날 초등학교 때 다녔던 대율교회가 생각났다. 교회에 가서 예배를 드리면 활력을 다시 찾을 수 있을까 하여 옛 대율교회를 상상하면서 근처에 있는 교회를 찾았다. 내가 외롭고 괴로울 때 교회를 찾았다는 것은 하나님을 찾았던 것을 의미했다. 송도 언덕에 자리 잡은 50명 내외의 인원이 예배에 참석하는 자그마한 교회였다. 신발을 벗어 신발장 속에 넣고 예배당에 들어갔다. 안내했던 분은 내가 처음 온 사람인지 아닌지를 파악하지 못했던 것 같았다.

주일 예배에 참석하고 설교를 들었으나 내 마음에는 변화가 없었다. 예수님은 어떤 방식으로도 나에게 다가와 주지 않은 것처럼 느껴졌다. 교회에 다녀온 후에도 외로움과 쓸쓸함은 변하지 않았다.

"예수 그리스도가 과연 존재했고 지금 하늘나라를 주관하고 있는 분인가?"

풀리지 않은 의문이었다. 기도하는 방법도 모르고, 성경을 읽지도 않은 나에게 이런 의문이 풀어질 리 없었다.

교회에 얼마간 다니다가 다시 발길을 중단했다. 예수님은 내가 두드려도 응답이 없는 분으로 생각됐다. 교회를 찾았으나 알게 된 성도님도 없었고, 목사님과의 인사도 없었다. 이렇게 해서 나의 신앙생활은 허무하게 원점으로 돌아갔다.

하나님을 외면하고 그의 독생자이신 예수님의 사랑을 모르고 사는 삶이 어떤 것인가는 굳이 이야기를 안 해도 짐작하리라 믿는다. 그 이후 나는 예수님을 다시 만날 때까지 철저하게 이기적이고, 타산적이며, 어리석게 살아왔다고 고백한다. 참으로 기억하고 싶지도 않은, 부끄럽기 짝이 없는 삶이었다.

물론 그런 나의 삶 속에서도 예수님은 나를 떠나지 않으시고 계속 지켜보시면서 당신이 원하시는 나에 대한 궁극적인 목표를 이루셨다. 대학 시절 나의 이런 경험은 기독교 문화 속에서 길러지지 않은 사람이 교회 문턱을 넘고 은혜를 받아 믿음을 형성하는 것이 얼마나 어려운가를 알 수 있는 작은 이야기이다.

매주 교회에 나가 예배드리고, 기도 제목을 정하여 기도하고 또 응답을 받았다고 고백하는 성도들을 접할 때마다 그것이 얼마나 귀하고 아름다운 것인가를 다시금 깨닫게 된다.

믿음 없는 청년의 삶이 이런 것일까?

나의 청년 시절은 영적으로 겨울이었다. 따뜻한 겨울이 아니라 춥고, 배고프고, 정신적으로 아픈 겨울이었다. 영적으로 죽어 있는 상태, 나는 그것이 나의 겨울이라고 생각한다. 육신만으로 세상을 살아간다는 것은 결코 따뜻한 겨울일 수 없다. 아무리 명예가 많고 영화를 누리고 있다 할지라도 예수님의 사랑을 느끼지 못한다면 그들은 춥고 외롭고 고통스러운 겨울을 살고 있는 것이다.

예수님은 나의 믿음 없음을 아시고 끊임없이 전도자를 보내 주셨다. 청년 시절 믿음을 가졌던 친구들과 선배들을 나에게 보내 주셨는데, 영적으로 눈이 멀어진 나는 그들을 깨닫지 못했고 외면했던 것 같았다. 마치 성경 속에서 하나님이 끊임없이 영적으로 타락한 이스라엘 백성을 되돌려 보려고 선지자들을 보냈으나 그들을 외면하고 심지어 돌팔매질했던 것과 같이 말이다.

미팅 때 만났던 어떤 분은 나에게 복음을 알려 주려고 애를 썼고,

친구들도 교회에 다니는 사람이 많았다. 옛 초등학교 시절 다녔던 대율교회의 김애자 전도사님도 찾아와 신앙생활을 독려했다. 우연히 알게 된 선배들도 기독교인들이 많았다. 이런 만남들도 결코 '우연'이 아니라 나를 사랑하시는 하나님께서 보내셨던 분들이라고 이제야 깨닫는다.

복음을 외면한 결과는 참혹하다. 복음을 외면했다는 것은 내가 나를 하나님으로부터 버려지게 만드는 것이다. 에덴동산에서 추방된 아담과 이브같이, 카인이 죄로 말미암아 방황했던 것같이 복음을 외면했던 나 역시 방황했다. 청년 시절에 겪었던 영적 고독은 육신적으로나 정신적으로 나를 피폐하게 만들었다.

몸은 바람에 날아갈 것같이 쇠약해졌고, 사고의 깊이는 백지장처럼 얇았다. 미래의 꿈과 비전을 만들 수 있는 아이디어는 전혀 떠오르지 않았다. 당장 현실을 살아가는 것조차도 힘들었다. 연약한 몸으로 7남매를 키워 온 가엾은 어머니마저 원망스러웠다.

내가 이 지경에 도달하려고 고향을 떠나 대학 진학을 했나! 취업을 해서 어머니를 모시고 효도하는 삶이 그렇게 싫었나. 나는 도대체 무엇을 추구하고 있는가. 어둡고 침울한 생각이 자주 나를 지배했다. 우울한 나날이 지속됐다. 생각해 본다.

"믿음 없는 청년의 삶이 이런 것일까?"

그러나 예수님께서는 나를 계속 버려져 있도록 두지는 않았다. 누군가가 나에게 뿌린 복음의 씨앗이 사라지지 않았고 내 속에서 살아 있었다. 내가 방황하고 있을 때, 한 미팅에서 아내를 만났다. 그리고 믿음 없는 중에서도 하나님은 내게 현실 극복 의지를 주셨다.

대학신문사 기자 채용 공고가 붙은 것을 보게 됐다. 기계공학도가 신문 기사를 쓴다는 것이 다소 생뚱맞은 일이었으나, 본능적으로 흥미를 느꼈다. 기계공학은 물리학 중심의 딱딱하기가 그지없는 이공계 학문인 반면, 기사 쓰기나 기자 활동은 사교성이 필요하고 활동적인 성향이 필요한 인문계 일이다. 내가 대학 신문 기자로서 적합한 성향은 아니었으나 "배우면 할 수 있을 것이다"라고 생각하고 응모했다. 행운이 찾아왔고, 합격했다.

기자가 된 후, 기사를 쓰는 일이 재미있었다. 시간이 부족할 정도로 바쁘게 생활했다. 이런 생활이 어쩌면 나의 대학 시절 어두운 삶을 극복하는 계기가 됐다. 이에 더하여 짧은 글 쓰는 훈련을 많이 하게 됐다. 그런 까닭에 오늘 이런 수필도 쓰게 되는 용기를 갖게 됐는지도 모르겠다. 나의 대학 생활은 이렇게 진행됐지만, 영적으로는 여전히 잠자고 있었다.

믿음 없었던 나의 청년 시절을 회상하는 것이 부끄럽다. 그러나 에스겔서 16장 62~63절 말씀으로 나의 믿음 없는 청년 시절로 인한 부끄러움은 위로를 받는다.

"내가 네게 내 언약을 세워 내가 여호와인 줄 네가 알게 하리니 이는 내가 네 모든 행한 일을 용서한 후에 네가 기억하고 놀라고 부끄러워서…"

이 말씀은 하나님께서 나에게 언약을 주셨음을 의미한다. 그리고 내가 청년 시절의 내 삶을 부끄러워한다는 것은 곧 하나님께서 내가 행했던 죄들을 용서하셨고 또 하나님을 알게 됐다는 것을 증명하는 것이다.

이 땅의 모든 청년들이 영적인 잠에서 깨어나 하나님으로부터 용서받고 그분을 알게 되는 언약을 받기를 기도한다. 그리하여 청년들이 미래 세계의 주인공이 되고 또 하나님이 기뻐하시는 우리나라를 만들어 나가기를 기도한다.

아무리 어려워도 길은 있다

극심한 어려움을 겪게 되면 꿈조차도 꾸지 못한다. 특히 배고픔 같은 경제적인 어려움과 싸우다 보면 자존감을 잃고 추한 모습도 나타난다. 1970년대에 대학을 다녔던 많은 청년들은 하루 두 끼 식사로 배를 채우거나 라면, 빵 등 부실한 식사로 때우는 학생들이 많았다. 자존심 때문에 이런 배고픔을 누구에게 얘기하지 않는다. 나도 마찬가지였다.

대학에 합격해 놓고 등록금 때문에 앞이 캄캄했다. 어떻게 구했는지 첫 두 학기 등록금을 마련하여 겨우 등록할 수 있었으나, 당시로서는 거금인 매 학기 등록금을 어머니에게 계속 지원해 달라고 요청하기는 무리였다. 현재 운영되고 있는 학자금 융자 같은 제도도 없었다.

대학 진학 전에는 아르바이트를 하면 나 스스로 등록금을 마련할 수 있겠지 하고 막연하게 생각했었는데, 막상 닥쳐 보니 어림도 없었다. 등록금도 필요했지만, 수강 과목별로 책을 구입하거나 옷을 사입는 비용 등 생활비는 고교 시절과 비교가 되지 않았다. 스스로 자립해 보려고 개인 과외나 아르바이트 등 다양한 시도를 했으나 만만치 않았다.

나의 어두운 마음은 이런 경제적인 어려움 때문에 더 가중됐다. 믿음을 갖고 있었더라면 하나님께 매달렸겠지만 믿음도 없었고, 기도하는 방법도 몰랐다. 그러나 하나님께서는 이런 상황을 아시고 나의 기도와 상관없이 길을 예비해 놓으셨다. 나의 등 뒤에서 나의 필요를 아시고 채워 주실 준비를 하고 있었던 것이다.

1학년을 마칠 무렵 학군단(ROTC) 장학금 제도가 공지된 것을 발견했다. 대학 재학 중 3년간 장학금을 받고 군 복무를 장학금을 받은 기간만큼 더하는 제도였다. 등록금과 책값 등 생활비 일부를 지원한다는 내용이 눈길을 끌었다.

2학년 등록금을 내야 하는 시기에 이 공고를 보고 즉시 지원했고, 다행스럽게 합격했다. 2학년부터의 등록금 문제가 해결된 것이다. 어머니께서는 학군단 장학금이 무엇인지 잘 모르셨지만 흐뭇하게 여기셨다. 여유가 생겼고, 나의 어두운 마음도 조금씩 걷어지기 시작했다.

3학년이 돼서 학군단에 입단하고 정기적인 훈련을 받아야 했는데, 대학 신문사 기자 생활이 학군단 훈련과 맞물려 어려움이 발생했다. 기자 생활을 그만둬야 할 상황에서 학군단 교관들의 양해와 도움으로 잘 극복했던 것 같다. 그분들에 대한 고마움을 지금도 고이 간직하고 있다.

학군단 장학금을 받고 대학을 졸업하게 된 것은 나의 선택이 아니라 전적으로 하나님의 인도하심 때문이었다고 생각한다. 이런 방식으로 대학을 졸업한다는 것을 상상조차 하지 못했었다.

임관식을 마치고 학군단 친구와 함께

나의 경험을 두고 "아무리 어려워도 길은 있다"라고 표현했지만, 사실 하나님의 도우심이 없이 우리가 어떤 길을 찾아가겠는가? 하나님의 존재를 알지 못하면 자기 스스로가 길을 선택했고, 자신의 능력과 노력으로 어려움을 극복했다고 생각하기 쉽다. 당연히 어려움을 극복하고 난 후에는 교만해지기 마련이다.

하나님을 믿지 않는 분들과의 대화에서나 심지어 교우들과의 대화에서도 하나님은 사라지고 마치 우리가 세상의 주인인 것처럼 말하기가 얼마나 쉽고 흔한 일인가!

나는 대학을 졸업하고 1977년 2월 임관식을 거쳐 소위로 임관됐고, 부산 병기학교에서 훈련을 받은 후 최전방에 위치하고 있었던 기갑여단에 배속됐다. 기갑여단에서의 군 생활을 본격적으로 하면서 규칙적인 생활을 했다. 소대장 역할을 수행하면서 리더십도 쌓을 수 있었다. 또 관리관 역할을 수행하면서 병기 분야 관리 능력을 향상할 수 있었다. 군 생활은 나를 많은 측면에서 좋은 방향으로 변화시키기 시작했다.

하나님에 대한 나의 태도도 변화하기 시작했다. 그분을 인정하게 됐고, 주일마다 교회에 나가 예배를 드렸다. 기갑여단에 있었던 아름다운 군 교회에서의 신앙생활이 마치 꿈속에서 있었던 일처럼 기억난다. 군 생활을 시작하면서부터 나는 바닷가의 모난 돌이 세찬 파도와 비바람에 깎여 나가듯이 서서히 다듬어지기 시작했다.

어머니를 구원해 주세요

어머니는 예수님을 믿기 전에 부처님을 믿었던 것 같다. 석가 탄신일이 오면 어머니는 내 손을 잡고 근처에 있는 절에 갔던 것으로 미루어 보아 추정한다. 절에는 휘황찬란한 연등이 달려 있고 사람들이 북적였다. 그 속에서 어머니와 나는 손을 잡고 거닐었다. 당연히 석가 탄신일 절에서 거닐었던 추억이 머리에 깊이 새겨져 있다.

그럼에도 불구하고 가끔 부뚜막 위에 정화수를 떠 놓고 두 손을 비비면서 기도하는 어머니의 모습을 봤다. 누구에게 기도하는지 이해할 수가 없었다.

"어머니가 믿는 신은 도대체 무엇일까?"

매년 성탄절이 오면 어머니를 찾아갔다. 중·고등학교 시절에 버스를 몇 번씩 갈아타면서 하루 종일 어머니를 찾았던 기억이 난다. 어머니는 상(床)을 갖고 도붓장사를 했기 때문에 한 곳에 고정적으로 있지 않고 여러 곳을 다녔다. 성탄절에 어머니를 만나 같이 지냈던 크리스마스이브가 더없이 행복했다. 이날은 어머니와 도란도란 이야기하면서 가족에 관한 모든 정보를 교환하는 날이었다.

아버지가 떠난 후 혼자서 가족을 부양하겠다고 객지에서 고생하시는 어머니가 가여웠다. 어머니는 나를 만나면 기뻐하셨지만, 얼굴은 늘 어두웠다. 어머니를 만날 때마다 교회에 다니시라고 권했다. 그리고 어머니가 교회에 나가기를 기도하기 시작했다.

"어머니가 교회에 다니면 무엇인가 형편이 좋아지겠지!"

막연한 기대를 갖고 내 믿음도 확실치 않은 상태에서 어머니를 위한 기도를 했다. 지금은 성경을 읽고 가족의 믿음과 구원을 위한 기도가 얼마나 중요한가를 이해하고 있지만, 당시에는 이를 알 리가 없었다.

그런데 어느 날 고향 집을 찾았을 때, 어머니는 기적처럼 놀라운 반응을 보였다.

"나 내일 교회에 가야 한다. 교회 전도사님이 우리 집에도 왔어."

나는 너무도 놀라웠고 기뻤다. 기도 응답을 받았다는 것을 알면서 표현할 수 없는 희열을 느꼈다. 기도에 응답하신 하나님께 감사하는 마음이 일어났다. 동시에 내 믿음도 강해짐을 느꼈다. 대율교회에

남원 광한루에서 찍은 어머니의 모습

서 목회를 하고 계시던 김애자 전도사님께서 간절하게 기도했음이 분명했다. 고향에 그분이 목회자로 계속 남아 있었기에 기도가 가능했고, 하나님께서 응답하셨다고 믿어졌다.

이후 어머니는 신앙생활을 계속했지만 "예수님을 영접하고 구원을 받았다"는 확신을 갖고 있는지 알 수가 없었다. 같이 예배에 참석하기도 했지만, 어머니가 대화 중에 하나님과 예수님에 대한 언급을 별로 하지 않아서 늘 걱정이 됐다. 때문에 내 기도 제목이 달라지기 시작했다.

"어머니가 예수님을 진정으로 영접하고 구원받게 해 주세요."

이 기도에 대한 응답은 예수님만 알고 계실 것이다. 내 걱정과 기도는 세월이 많이 흘러 어머니께서 임종하실 때까지 계속됐다. 남양주 수동면에 있는 요양병원에서 어머니의 심장 박동을 알리는 오실로스코우프가 거의 수평을 나타내고 있을 때, 나는 목소리를 내지 못하는 어머니에게 소리쳤다.

"예수님을 부르세요. 예수님, 예수님."

그러자 어머니는 개미 소리보다도 작은 목소리로 "예수님~" 하고 불렀다. 어머니의 마지막 음성을 분명하게 듣고 나는 마음속으로 안심했다. 예수님께서 어머니의 부름에 응답하셨을 것으로 확신했기 때문이다.

어머니는 구원받았을 것으로 믿지만, 생존해 있는 나머지 형님들과 조카들 그리고 누님들의 구원이 내게 큰 과제로 남아 있다. 시간이 얼마 안 남았으므로 서둘러야 한다는 생각이 들어 가족들 한 사람 한 사람의 주소를 찾아 교회에 '전도 편지' 송부를 의뢰했다. 무엇이든 내가 할 수 있는 것을 다 해 봐야 하겠다는 생각이 들었다. 자신이 저주를 받더라도 같은 족속 유대인들의 구원을 바란다고 말한 사도 바울의 고백이 내게 큰 울림과 신앙의 도전을 갖는다.

"나의 형제 곧 골육의 친척을 위하여 내 자신이 저주를 받아 그리스도에게서 끊어질지라도 원하는 바로라" (로마서 9장 3절)

제2장

봄

믿음의 싹과 봄의 꽃 목수국

봄은 만물이 소생하는 계절이다. 봄의 기운이 절정에 다다르는 5월이 오면, 살아 있는 생물이라면 모두 다 흥분한다. 사람도 식물도 동물도 생기를 되찾는다. 긴긴 겨울 동안 움츠러졌던 몸과 마음이 다시 회복된다. 그래서 우리는 겨울 내내 봄을 기다리게 된다.

매년 5월이 되면 나는 남양주 북한강변에 있는 '들꽃'이라는 카페에 가서 활짝 핀 목수국 꽃을 감상하곤 했다. 목수국은 '불두화'라는 별칭을 갖고 있는 꽃나무인데, 하얗고 둥그런 꽃을 탐스럽게 피운다. 이 꽃을 보고 있으면 고깔모자에 긴 띠를 매어 달고 빙빙 돌며 춤을 추면서 꽹과리를 쳐 대는 농악대원의 모습이 떠오른다.

내가 목수국을 마음속 깊게 간직하고 있는 이유는 고향에 있는 우리 집 마당에 있었던 꽃을 연상하기 때문이다. 뒷간 가는 길에 있는 거름 무더기 옆에 있었던 목수국은 거름이 잘돼서 그런지 매년 5월이면 탐스럽게 꽃을 피웠다. 고향 집을 생각할 때마다 이 꽃 모습이 떠

올라서 양주에 단독 주택을 짓고 난 후 맨 먼저 이 꽃나무 5그루를 심었다. 내가 좋아하는 것을 아는지 저들은 봄이 오면 아름답게 꽃을 피운다.

예수님을 향한 우리의 믿음에도 겨울이 있고 봄이 있다. 예수님을 알지 못하고 방황했던 시절은 내게 겨울이었다. 봄은 내 믿음에 싹이 움트던 시절을 의미한다. 어렸을 때부터 뿌려졌던 복음의 씨앗이 긴 겨울 동안 잠자고 있다가, 봄이 오자 움트기 시작한 계절이다. 잠자고 있던 만물이 소생하듯이 말이다.

하나님에 대한 믿음의 싹이 움트는 힘은 강력하다. 믿음을 짓누르고 있었던 모든 흙더미를 깨부수고 어둠을 뚫고 나오기 시작한다. 어둠에서 나온 믿음은 빛을 보고 마침내 생명력을 갖게 된다. 하나님께서 역사하시기 때문이다.

인간이 하나님을 믿는 믿음을 갖게 되는 것은 목수국이 혹독한 겨울 추위를 이겨 내고 싹을 띄우고, 꽃대를 내세우는 것과 같다. 꽃나무가 한 송이의 꽃을 피우기 위해서는 주인의 깊은 사랑을 필요로 한다. 물이나 영양분이 적절하게 공급돼야 하고, 햇빛이 적당하게 비춰져야 한다. 주인의 깊은 관심과 사랑 없이는 이것이 일어나기 어렵다.

인간도 믿음의 싹을 띄우고 꽃을 피우기 위해서는 하나님의 깊은 사랑이 필요하다. 하나님은 겨울 내내 내 믿음의 싹이 사라질까 봐 조마조마했을 것이다. 혹시나 추위에 얼어 죽을까, 어렵고 힘들다고 싹 띄우는 것을 포기하지는 않을까, 짓누르는 흙더미를 뚫지 못하고 좌절하여 곁길로 가지는 않을까 걱정하셨을 것이다.

하나님은 겨울 내내 내가 필요로 하는 물과 양분과 햇빛을 주시는 것을 잠시도 멈추지 않았다. 나의 무지와 완고함을 회개하고 예수님의 참된 사랑을 체험하게 되면서부터 나에게 감사할 일들이 얼마나 많은가를 깨닫는다. 그리하여 5월의 활짝 핀 목수국 꽃처럼 우리의 얼굴에도 웃음꽃이 피게 된다. 5월의 목수국 꽃을 다시 한번 더 찬찬히 들여다본다.

5월에 피는 목수국 꽃

부산 충무교회에서의 물세례

군 복무 시절, 나의 신앙생활은 마치 실낱같이 가느다란 끈 하나로 하나님과 연결되어 있었다. 전방에서 군 생활을 하고 있었던 시절, 나의 믿음도 따뜻한 봄을 맞이한 것 같았다. 정기적으로 주일 예배에 참석하면서 교회 분위기에 친근해졌고, 가끔 교회에서 기도하기 시작했다. 5년간의 군 복무를 어떻게 하면 의미 있게 그리고 유익하게 보낼 수 있을지 고민하면서 미래를 위해 기도했다.

'5년을 군에서 복무하고 전역하게 되면 내가 사회에서 과연 쓸모 있는 사람이 될 수 있을까? 후방으로 근무지를 전환해서 대학원 공부를 더 하게 되면 사회에서 쓸모 있는 사람이 되지 않을까?'라고 생각하면서 구체적으로 희망 근무지를 놓고 기도했다.

전방에서 근무를 1년쯤 하고 난 1978년, 부산에 있는 병기학교 교관으로 전보하는 발령을 받았다. 기도 응답을 받은 것이다. 이 소식을 듣고 날아갈 듯이 기뻤다. 믿음이 약했지만 나의 기도를 들어주신 하나님께 진심으로 감사하게 생각했다.

부산 병기학교에서의 교관 생활은 전방과는 전혀 달랐다. 연구와 강의 과목으로 '야포학'을 배정받았다. 야포는 포병부대에서 사용하는 무기인데, 주로 105밀리미터 곡사포, 155밀리미터 곡사포, 8인치 곡사포와 간혹 자주포를 연구하고 3~4개월 기간 짧게 입소하는 장병과 소령 진급을 준비 중인 장교들을 대상으로 강의를 했다. 업무가 흥미 있었고, 무엇보다도 훌륭한 동료 교관들을 많이 만나 대화하는 것이 너무나 즐거웠다.

병기학교에서의 신앙생활은 군 교회를 중심으로 시작됐다. 매일 점심시간, 교회에 가서 기도하는 시간이 행복했다. 동료 교관의 한 사람이었던 윤형근 대위는 전역한 후 신학 대학을 졸업하고 목사가 됐다. 그는 항상 내 옆에 있으면서 기꺼이 나의 신앙 상담자가 돼 줬다. 주말이면 해운대에 같이 나가 바다를 보면서 동백섬을 걷곤 했는데, 한 주 내내 기다려지는 일이었다.

나의 신앙생활이 조금씩 진전되는 중에서도 어려운 일이 생겼다. 당시 계급이 중령이었던 학과장은 이상하게도 내가 기도하기 위해 교회에 가는 점심시간에 회의를 소집했다. 또 한 주 내내 기다렸던 토요일 오후 바닷가로 산책 나갈 시간대에 작업을 지시했다. 회의 소집에 빠지거나 늦기라도 하거나 토요일 오후의 작업 지시를 어긴 날은 호되게 야단맞았다. 나의 기도를 방해하는 사탄의 역사라고 생각했다.

이런 일들은 나의 기도 생활을 약화시키기보다는 더 절실하게 기도하게 하는 자극제 역할을 했던 것 같다. 방해도 없고 자극도 없고

하고 싶은 대로 기도할 수 있었다면 내가 과연 절실한 마음으로 그렇게 기도할 수 있었을까? 하나님께서는 이런 방식으로도 내가 당신에게 다가오기를 원하셨던 것으로 믿어진다.

어느 날, 나의 신앙생활을 옆에서 지켜보고 있었던 윤 대위는 자기가 다니는 '충무교회'에 등록하고 같이 다니자고 제안했다. 나는 군교회에 나가고 있으므로 선뜻 대답을 못했지만 '충무'라는 단어에 솔깃해졌고, 흥미를 가졌다. 사실 부대 안에서 계속 주말을 보내는 것이 무료했다. 반여동에서 출발하는 46번 버스를 타고 윤 대위를 따

부산 천마로에 위치한 부산충무교회 모습

라 충무교회를 갔다. 1시간이 족히 걸리는 먼 길이었다.

충무교회 김장원 담임 목사는 설교 시간에 '회개하라'는 메시지를 지속적으로 던졌다. 회개하라는 메시지를 받고도 눈물을 흘리면서 회개하지 않는 사람은 완악하다고 꾸짖었다. 히브리서 6장 1~2절에 "그리스도 가르침의 초보를 버리고 죽은 행실을 회개하여 하나님께 대한 신앙을 갖고 부활과 영원한 심판에 관한 교훈의 터를 다시 닦지 말고 완전한 데로 나아가라"고 가르치고 있으므로 김장원 목사님의 설교 말씀은 지극히 옳다. 세례 요한은 회개하지 않는 유대인들을 향해 '독사의 자식'이라고까지 하지 않았던가!

그러나 설교 말씀을 이해는 했지만, 마음속으로 우러러 나오는 진정한 회개가 쉽게 일어나지 않았다. 나뿐만 아니라 많은 교우들도 비슷한 것처럼 느껴졌다. 히브리서 6장 3절에 "하나님께서 허락하시면 우리가 이것을 하리라."고 기록된 것을 보면 성령님의 도우심이 없다면 참된 회개가 어려울 것이라고 생각된다.

충무교회에 등록한 이후, 나의 신앙생활은 한 단계 올라갔다. 1979년 겨울 세례를 받고 싶은 마음이 생겨났다. 충무교회에 등록하기 전에는 내가 이미 세례받은 사람처럼 느꼈는지 세례를 받으라고 권유하는 교우가 없었다. 충무교회에서 처음으로 세례를 받고 싶은 마음이 생겨났고, 김장원 목사로부터 세례를 받았다. 내가 충무교회에서의 세례를 '물세례'라고 표현한 것은 과거 내 삶에 대한 진정한 '눈물의 회개'가 없었던 상황에서 세례를 받았기 때문이다. 세례식에는 뜻밖에 대학교 1학년 때 만났던 여자 친구가 참석했다. 후에 내 아내가 된 사람이다.

세례를 받은 후 나의 신앙생활은 외적으로 많은 변화가 일어났다. 목사님은 나를 주일 학교 중등부장에 임명하였고, 나는 아이들의 신앙을 열심히 지도했다. 복음 전도에 대한 열정도 치솟았다. 주일날 예배에 출석하지 않은 아이들 집을 찾아가기도 했고, 군 정복을 입고 남포동 지하도에서 노방 전도를 했다.

나는 부산에서 외적으로 많은 변화를 했다. 이렇게 변하게 된 데에는 목사님, 장로님, 집사님 등 충무교회 교우들의 따뜻한 사랑이 크게 영향을 미쳤다. 그들은 예수님의 사랑이 몸에 배어 있었고, 그 사랑을 실천하는 데 인색하지 않았다. 이런 영향으로 부산이 나의 영적 고향이자 내 육신의 제2의 고향이라고 말하는 것을 주저하지 않는다.

불교의 나라 태국에 가다

충무교회에서 세례를 받은 이후 군 복무를 마치고 사회로 나올 때, 나의 삶은 요동치기 시작했다. 부산에서의 생활이 안정돼 부산에서 취업을 하려고 했으나, 하나님께서는 서울 홍릉에 있는 산업연구원으로 인도하였다. 많은 사랑을 받았고, 또 정이 들었던 충무교회를 떠나는 것이 가슴 아팠다. 내 삶 속에서 늘 충무교회에 빚진 마음을 지울 수 없다.

서울 홍릉에 있는 산업연구원에 첫 직장을 잡고 근무를 시작했다. 정부는 국제경제연구원(KIEI)과 한국과학기술정보센터(KOSTIC)를 통합하고 산업 정책을 연구하는 싱크 탱크로 육성하고자 산업연구원(KIET)을 새롭게 설립했는데, 첫 번째 모집한 직원에 내가 끼게 된 것이다.

"나도 사회에서 할 수 있는 역할이 있구나!"

산업연구원 합격 통지를 받고 사기가 올랐다. 나중에 들어 보니 학부에서 기계공학을 공부하고 대학원에서 경제학을 공부한 내가 기계공업 육성 정책을 연구하는 데 적임자라고 여기고 채용했다고 한다. 연구원으로 취직하고 나서 사회에 적응하는 것에 자신감이 생겼다. 5년 동안이나 군 복무를 했기 때문에 사회에 대한 막연한 불안감을 갖고 있었다.

산업 정책 연구는 나에게 딱 맞는 업무라고 생각됐다. 특히 기계공업 육성을 위한 정책 연구를 할 때는 대학에서 기계공학을 전공한 내가 해야 할 사명이라고 여길 정도였다. 기계공업 업체들이 몰려 있는 창원, 울산, 대구, 인천 등 산업단지에 자주 내려가 인터뷰를 하면서 많은 것을 배웠다.

그러나 얼마 되지 않아 내 지식과 경험의 한계가 드러났다. 우리나라 기계공업이 발전하려면 기업의 기술 능력이 강화돼야 하는데, 이를 촉진하기 위해서 정부가 연구 개발 활동을 장려해야 한다는 정도밖에 할 말이 떠오르지 않았다. 당연히 전문 지식을 함양하기 위하여 공부를 더 해야겠다는 생각이 맴돌았다.

그러던 어느 날, 미국 포드 재단이 제공하는 장학금으로 태국 타마사트대학교 대학원에 유학할 한 명의 직원을 모집한다는 공지가 나왔다. 내가 공부를 더 할 수 있는 아주 좋은 기회라고 생각돼서 하루 고민하고 지원을 했다. 흥미롭게도 다음날, 곧바로 필기시험을 치른 후 선발 여부를 통지하겠다고 했다. 다음 날 태국인 교수의 시험 감독하에 6명의 지원자가 필기시험을 치렀는데, 내가 선발됐다. 날아

갈 듯이 기뻤고, 태국으로 유학하는 꿈속에 가슴이 설레었다. 중학교 시절에 동남아시아 지도를 그리면서 그곳에 있는 나라 이름을 하나하나 중얼거렸던 기억이 되살아났다.

1984년 봄 나는 태국 방콕으로 가서 호기심과 두려움으로 가득 찬 삶을 시작했다. 태국은 인구가 7,180만 명인데, 국토는 우리나라보다 약 5배가 더 큰 나라이며, 불교도가 국민의 95%를 차지하는 불교의 나라이다. 기독교가 전파된 지 200년이 넘었지만 기독교인이 차지하는 비중은 1%밖에 안 된다. 역대 태국 왕들은 영국 및 일본 왕실과 좋은 관계를 갖고 문물을 교류하여 탁월한 외교력을 행사하였다는 평가를 받았다.

지금은 많은 한국인이 태국을 여행하고 또 거주하고 있지만, 1980년

방콕에 있는 왕립 타마사트대학교 본부 전경

대만 해도 4~500명 정도의 한국인이 교포로서 또는 회사 주재원으로서 근무하고 있었다. 우리나라 사람들은 태국을 아주 먼 곳에 있는 나라들의 하나 정도로 여겼다. 방콕 백화점에는 일본 상품이 즐비했고, 한국 상품을 찾아보기 어려웠다.

태국은 기후, 문화, 교육 등 우리와 너무나 달라 적응이 쉽지 않았다. 학교에서는 학업도 우리보다 훨씬 더 까다로웠다. 경제학 교과 과정이 모두 미국식으로 설계돼 있었고, 교수진도 미국, 독일, 호주 등 서구 국가들로부터 파견돼 있거나 서구에서 학위를 받고 온 사람들이었다. 한국에서 경제학을 공부한 경험을 갖고 있지만, 영어 강의에다 계량 위주의 경제학 교육에 익숙하지 않아 고전했다.

알고 보니 미국 정부가 베트남전쟁 시에 미군 전투기가 비행장을 활용하도록 태국이 허가해 준 데 대한 보상의 일환으로 타마사트대학교에 경제학 교육 프로그램을 개설하고 아시아 각국으로부터 학생을 선발하여 교육하는 사업을 지원하고 있었다. 미국 포드 재단과 록펠러 재단이 시설과 장학금 등 필요한 재정 지원을 하였다. 당연히 미국식 경제학 교육이 이루어질 수밖에 없는 상황이었다.

"하나님께서는 왜 태국에 와서 공부하도록 나를 인도하셨을까?"

학업을 하면서 내가 끊임없이 가졌던 질문이었다. 나는 내가 하고 싶어서 공부를 하고 있지만, 하나님께서는 분명히 무엇인가 뜻이 있으셔서 나를 태국으로 인도하셨을 거라고 믿었다.

회개에 대한 주님의 선물

태국에서 생활하기 시작한 이후 40도를 오르내리는 무더위를 견딜 수 없어 거의 하루 종일 에어컨이 있는 도서관에서 보냈다. 이런 생활을 1년쯤 하다가 알 수 없는 풍토병을 앓게 됐다. 팔과 다리가 저리기 시작했고, 재채기와 두통까지 곁들여져서 고통스러웠다. 집중이 어려웠다. 허리에 통증이 왔고, 손발이 마비되기 시작하자 무기력증까지 몰려왔다. 공부의 포기를 생각하는 절박한 상황에까지 이르렀다.

"태국에 와서 공부를 포기하게 되면 나는 어떻게 될까? 직장에 돌아가서 과연 내가 다시 일을 할 수 있을까?"

두 딸과 아내를 생각하니 앞이 캄캄했다. 걱정과 두려움이 엄습해 왔다. 병을 치료하기 위해 모든 수단을 다 써 보았다. 누가 코브라 쓸개가 좋다고 말해서 먹어 보기도 했다. 말이 통하지 않는데, 방콕의

종합 병원을 몇 군데 다녀보기도 했다. 무엇을 해 봐도 효과는 나타나지 않았다.

여름 방학이 시작된 지 얼마 안 된 어느 날, 내가 다니던 방콕한인 연합교회에서 3일간 부흥 집회를 갖는다는 광고가 나왔다. 꼭 참석하고 싶은 마음이 일어났다. 드디어 부흥 집회가 아침부터 저녁까지 하루 종일 진행됐다. 마지막 날 철야 집회를 가졌는데, 저녁 9시에 시작해서 다음날 새벽 4시까지 이어질 거라고 했다.

"1시간도 의자에 앉아 있지를 못하는 내가 철야 기도회를 할 수 있을까? 에라, 모르겠다. 믿음으로 시도해 보자."

믿음으로 참여한 철야 기도회는 처음부터 끝까지 은혜로웠고, 모든 설교 말씀이 가슴속에 깊게 들어왔다. 특히 베드로후서 3장 12~13절 말씀이 내 영을 깨웠다. 하나님께서 내게 회개의 영을 불어넣어 주신 것이다.

"하나님의 날이 임하기를 바라보고 간절히 사모하라 그날에 하늘이 불에 타서 풀어지고 물질이 뜨거운 불에 녹아지려니와 우리는 그의 약속대로 의가 있는 곳인 새 하늘과 새 땅을 바라보도다."

새벽 몇 시쯤엔가 내게 눈물의 회개가 일어났다. 기도하면서 내가 죄로 얼룩져 있다는 것을, 그리고 과거의 내 삶이 하나님께 얼마나 반항적이었는가를 깨닫고, 눈물을 하염없이 흘리면서 회개했다. 기도가 계속되면서 내 몸이 굳어지는 병증이 있다는 것도 잊었다. 몸의 아픔과 불편함은 의식 속에서 사라져 버렸다. 새벽 4시가 돼서 마치는 기도를 듣고서야 "아! 내가 원래 이렇게 오래 앉아 있지 못했던 사람이었는데, 아무렇지도 않네!"

내 몸이 나아졌다는 느낌조차도 없이 왁자지껄 떠들면서 예배당을 나섰다. 집에 돌아와서 곰곰이 생각하면서 예수님께서 밤새 나의 아픔을 치유하셨다는 것을 깨달았다. 그리고 내가 죄 사함을 받았다는 확신을 갖게 됐다. 내가 성령 세례를 받았고, 거듭났다는 믿음이 생겼다.

내가 예수님으로부터 드디어 '성령의 선물'을 받았구나. 마음과 몸이 날아갈 것같이 가벼웠다. 성경 말씀이 머릿속에 들어왔다.

"너희가 회개하여 각각 예수 그리스도의 이름으로 세례를 받고 죄 사함을 받으라. 그리하면 성령을 선물로 받으리니" (사도행전 2장 38절)

"예수께서 대답하여 이르시되 진실로 진실로 네게 이르노니 사람이 거듭나지 아니하면 하나님의 나라를 볼 수 없느니라" (요한복음 3장 3절)

나도 '하나님의 나라'를 볼 수 있겠다는 확신이 들었다. 산다는 것이 너무 기쁘고 아름답게 느껴졌다. 내가 회개의 영을 받고 성령을 선물로 받았을 때는 내 육신과 마음이 하나님께 의지하지 않으면 안 될 정도로 가장 약해졌을 때였다. 내 육신에 소중하다고 생각되는 것을 위해서 모든 노력을 기울였던 때이기도 했다. 내가 가장 약할 때 하나님을 사모하는 마음이 일어났고, 십자가에 못 박혀 있는 예수님의 모습이 마음속에 그려졌다. 그분의 고통이 피부로 느껴졌다.

"오, 예수님, 예수님. 나의 예수님!"

내 자신의 탐욕, 어리석음, 교만을 처음으로 깨닫고, 회개의 눈물을 흘리는 체험을 했다. 그 시간 나는 예수 그리스도께서 나의 죄를 용서하시고 또 나를 사랑하신다는 사실이 진심으로 믿어졌다. 그분의 재림도 의심 없이 받아들였다. 눈으로 볼 수도 없고 만질 수도 없는 그분의 따스한 손길을 느낄 수 있었다.

내 육신의 고통이 소멸되자, 공부를 못 하게 될 것이라는 근심과 걱정도 없어졌다. 몸과 마음이 가벼워졌고, 진리를 깨달았다는 기쁨이 나를 지배했고, 진정한 자유를 느꼈다.

그 후 나는 모든 생활 태도를 변화시키기 시작했다. 술을 멀리하게 되었고, 나쁜 습관들을 제거하면서 건강 관리를 위해 규칙적으로 운동을 하였다. 무엇보다도 이웃을 이해하고 사랑하려고 노력하는 생활을 시작하였다. 학업도 빠르게 진전하였다. 동급생 중에서 가장 먼저 논문을 끝내고 귀국할 수 있었다.

태국 타마사트대학교 본관 앞에서 가족과 함께

그렇다. 회개는 지극히 낮아질 때 하나님을 외면했던 지극히 교만한 자신을 발견하는 것이다. 참된 회개의 눈물을 통해서 우리는 마음과 육신의 평화를 얻을 수 있다. 그것이 하나님의 선물이며 성령님이 우리에게 임한 것이다. 이것이 곧 성령 세례인 것이다.

"네 마음을 다하고 성품을 다하여 그를 구하면 만나리라" (신명기 4장 29절)

우리가 전심전력을 다하여 주님을 사모할 때, 주님은 어떠한 형태로든지 우리에게 회개의 기회와 선물을 주실 것이다.

새 노래로 여호와를 찬양하라

태국에서 공부를 마치고 귀국한 나는 직장 근처인 동대문구 회기동에 집을 구하고 서울 생활을 시작했다. 등록한 동안교회에서는 주일 2부 예배 임마누엘찬양대에서 찬양대원으로 봉사하기 시작했다. 찬양대 봉사는 주일 예배를 드리면서 은혜를 받을 수 있는 좋은 직분이었다. 내가 음악적 소양을 갖춘 사람은 아니었지만, 매주 은혜받는 기쁨으로 봉사했다.

동안교회에서의 신앙생활은 사랑으로 넘쳤다. 찬양대원들끼리 서로 형제자매처럼 지냈다. 회개하고 성령을 선물로 받았다고 믿고 있었지만, 교회 출석 연륜으로 본다면 나의 신앙 수준은 아직 어린아이와 같았다. 교우들이 깊은 생각 없이 던지는 말에 종종 상처를 받곤했다.

어느 날, 성가대 총무를 맡아 달라는 부탁을 받고 얼떨결에 수락하고 말았다. 성가대 총무는 자발적으로 하고자 하면 일이 끝이 없이 많은 직분이었다. 많은 일 중에도 특히 기억에 남는 것은 '임마누엘성가대 하계 수련회' 기획과 실행이었다.

'새 마음과 새 노래로 여호와께 찬양'이라는 주제를 갖고 1989년 여름, 2박 3일간 충남 원산도에서 동안교회 임마누엘 하계 수련회를 가졌다. 장영회 목사의 인도 아래 임마누엘 성가대원 19명과 가족 9명 등 28명이 참가했다. 당시 성가대 지휘자는 황미순 권사였다. 그 기간 동안 임마누엘 형제자매들과의 잊을 수 없는 아름다운 한 때를 보냈다.

임마누엘성가대 하계 수련회는 주님이 주시는 사랑을 새롭게 체험하는 것을 목표로 해서 추진됐다. 또 하나 목적은 성가대원 직분의 귀중함을 발견하자는 것이었다. 시편 98편 1절이 주제 말씀으로 지정됐다.

"새 노래로 여호와께 찬성하라. 대저 기이한 일을 행하사 그 오른
손과 거룩한 팔로 자기를 위하여 구원을 베푸셨다."

'새 마음, 새 노래'라는 단어를 주제어로 사용한 것은 우리가 주님의 피로 우리의 죄를 씻고 거듭난 것처럼, 매일매일 우리의 마음가짐과 행동에 새로운 변화가 있어야 한다는 취지에서였다. 우리가 주님의 말씀과 기도로 변화하는 삶을 살아감으로써 주님의 인격을 닮아가지 않는다면 우리의 죄를 위해 십자가에 달려 돌아가신 예수님의

희생 가치가 가벼워질 것이라는 믿음에서였다.

주제 말씀 중 특별히 주목됐던 단어는 '새 노래'와 '기이한 일'이었다. 새 노래는 우리가 성가대 대원으로서 하나님을 찬양할 때 새 마음으로 우러나오는, 진정한 찬양을 의미한다. 과거의 나를 포기하고 소멸시키는 마음의 변화 없이는 주님 앞에서 진실해질 수 없고, 또 진정한 찬양을 할 수 없을 것이라고 믿었다. 또 새 마음을 갖지 않고서는 하나님께서 역사하시는 '기이한 일'을 이해할 수 없고, 체험할 수 없다는 생각에서 이 두 단어에 주목하였다.

하계 수련회는 모두 새 마음을 갖고 하나님께 새 노래를 찬양할 수 있다는 자신감을 얻게 했다. 그리고 수련회 행사 자체를 통해서도

원산도에서 본 바다의 모습

많은 기이한 일을 체험하였다. 가능할 것 같지 않았는데, 초대교회 성도들처럼 참가자들이 함께 음식을 만들어 먹고, 물건을 같이 통용하면서 기도하였다. 이렇게 새 마음으로 함께 찬양한 결과는 가슴 벅찬 기쁨이었다.

잊을 수 없는 기이한 일은 충남 원산도로 사전 답사를 갔을 때, 정기 여객선이 아닌 특별 여객선을 탑승한 일이었다. 정기 여객선 운행이 중지된 상황도 모르고 터미널에 도착한 우리는 하나님께서 미리 예비해 두신 특별 여객선을 탑승하게 된 것이다. 사전 답사팀이 1박을 할 수 있도록 아무도 사용하지 않는 민가를 얻을 수 있었던 일도 기이한 경험이었다. 수련회팀이 서울역에서 기차 편으로 출발할 때 가까스로 만나 기차를 탔던 일도 기적이었다.

적지 않은 숫자가 섬으로 수련회를 떠난다는 것은 교회의 걱정거리였다. 아니나 다를까, 수련회 기간이 다가오자 태풍이 남부 지역에 몰아쳐 왔다. 섬에서의 수련회를 가질 수 없을 것 같다는 생각을 했으나, 정작 수련회가 시작되기 바로 전날 태풍이 소멸됐다. 우연이라고 말하기에는 너무 기이한 일이었다.

기이한 일은 계속됐다. 원산도를 떠날 때도 현지 사람들에게 육지로 가는 선편의 운항 시간이 일정하지 않다는 이야기를 들었으나, 우리가 떠나온 날은 여객선이 정확하게 운행됐다.

마지막 날 평가회에서 성가대원 모두가 "새롭게 태어나자"고 다짐하면서 감격스러운 시간을 보냈다. 29명의 식구들이 아무런 사고 없이 원산도 하계 수련회를 마치고 돌아온 경험은 감사함으로 또 생생한 기억으로 남아 있다.

세월이 많이 흘러간 지금도 "새 노래로 여호와를 찬양하라"는 말씀은 이 일과 연관하여 나를 긴장시킨다. 하루하루 새롭게 변화될 수 있도록 기도 생활에 게을리하지 않아야 하겠다고 다짐한다.

지금도 하나님은 우리를 위하여 일하시고 또 우리에게 소명을 내려 주시고 있다. 하나님께서 주시는 소명을 감당하는 데 부족함이 없도록 항상 깨어 있어야 하겠다.

땀의 가치를 가르쳐 준 대천덕 신부

불교의 나라 태국 방콕에서 거듭날 때, 나의 나이는 33세였다. 이 나이를 의미 있게 생각하는 이유는 예수님께서 33세에 십자가에 달리시고 승천하셨기 때문이다.[1] 예수님은 30세에 공생애를 시작하여 33세에 예루살렘에 입성한 후 유대인 종교 지도자들에 의해 체포되었고, 로마 총독 빌라도의 판결을 받은 후 십자가에 못 박히셨다.

30대 초반에 회개의 눈물을 흘린 이후 나의 신앙생활은 진리 탐구에 목마른 사람처럼 아낌없이 몸을 움직여 각종 신앙 집회에 참여했다. 신유의 은사를 받은 분들의 철야 집회에 시외버스를 몇 번씩 갈아타고 먼 길을 가는가 하면, 심야 버스를 타고 소록도 신앙 집회에 참석하기도 했다. 방언의 은사를 받았다고 하는 어떤 전도사님의 집회에 참석하기도 했고, 온누리교회의 '두란노 경배와 찬양 모임'에도

---

1   예수님이 30세에 공생애를 시작하여 33세에 십자가에 못 박히셨다는 것은 성경 기록을 근거로 한 것이 아니라 목사님의 설교 말씀을 듣고 인용한 것이다.

갔다. 1980~90년대 우리나라 개신교에서 많이 있었던 '기도원 기도회'도 자주 찾았다.

내가 다양한 신앙 집회에 참석하는 것을 좋아했던 것은 아마도 나의 신앙이 태어날 때부터 다져진 모태 신앙이 아니라 성인이 돼서 예수님을 영접하였기에 더 많은 관심과 흥미를 갖게 된 것 같다. 신앙 집회 참여는 나의 신앙 성장에 나름대로 적지 않은 영향을 끼쳤다. 여러 경험 중에서 나의 가치관 형성에 큰 영향을 미친 것은 대천덕(본명 아처 토리) 신부가 운영했던 '예수원'에서의 기도 모임과 예배 참여였다.

예수원은 강원도 태백시 태백산맥의 덕항산 기슭에 자리 잡고 있다. 예수원을 창립한 대천덕 신부는 미국 프린스턴 신학 대학을 졸업하고 한국에서 일생을 보낸 성공회 소속 선교사이다. 그의 부친도 선교사로서, 한국에서 고아원 사역을 했다고 하니 2대에 걸친 부자(父子) 선교사다. 그는 태백시 하장면에 '예수원'이라고 명명한 수도원을 짓고 공동체 생활을 통해 예수님께 영광이 되는 삶을 실천했다. 예수원은 단기 방문자를 포함, 공동체에 속한 모든 구성원은 의무적으로 노동을 하도록 돼 있었다. 또 '1식 2찬'이라는[2] 가난한 사람의 한 끼 식사를 함으로써 청빈한 삶을 몸소 실천했던 대천덕 신부의 삶은 내게 신선한 충격을 줬다.

나는 대천덕 신부가 발간한 『산골짜기에서 온 편지』를 읽고 처음으

---

2   한 끼 식사를 한 그릇의 밥과 2가지의 반찬으로 해결하는 것을 말한다. 밥과 국이 있으면 김치 하나를 반찬으로 하여 식사하는 것이다.

로 예수원을 알게 됐다. 이 책에서 그는 코이노니아(koinonia: 교제)를 다음과 같이 정의하였다.

"예수 그리스도를 구주로 믿는 성도들이 모여 사도의 가르침을 받아 식사를 같이 하고 (떡을 떼며) 기도하기를 힘쓰는 것" (사도행전 2: 42)

또한, 우리나라 교회가 가르치는 곳(敎會)이라는 의미보다는 교제하는 곳(交會)으로서의 의미를 강조한 점이 인상적이었다. 이 책에 수록된 많은 내용들이 진솔하고 청결하게 느껴졌고, 자연스럽게 내 마음속에 깊이 새겨졌다.

덕항산 등산로에서 바라본 예수원

예수원을 방문하고 싶은 마음이 생겨났다. 1980년대에는 태백에 가는 교통이 안 좋았기 때문에 예수원을 방문하려면 하루로는 부족했고, 최소한 이틀은 잡아야 했다. 청량리에서 기차를 오전 중에 타면 오후 3시가 넘어서 태백에 도착한다. 여기서 다시 하장면 가는 3시 40분 시외버스를 갈아타고 40여 분 가면 덕항산 등산로 입구에 도착한다. 이곳에서 15~20분 정도 산길을 따라 올라가면 예수원에 도달한다. 예수원 저녁 식사 시간이 오후 5시여서 예수원에 가는 날은 저녁 식사를 건너뛰게 된다.

예수원 가는 길이 아주 멀었지만 기분이 상쾌하고 기뻤다. 하장면 가는 버스 속에서 차창을 내다보면 끝없이 이어지는 배추, 감자, 무 등 고랭지 채소들의 모습이 인상적이었다. 마치 스페인 '산티아고 순례의 길'처럼 예수원을 향한 먼 길을 가면서 나는 이미 은혜 속에 묻히곤 했다. 예수님이 비유했던 말씀처럼 어쩌면 나의 마음은 말씀을 듣고 결실을 맺을 준비가 돼 있는 '옥토'로 변한 것이다.

대천덕 신부님은 "노동은 기도요 기도가 노동이다"라고 주장하였고, 예수원 내부에는 이 말을 표어로 만들어 붙여 놨다. 데살로니가 후서 3장 10절에 "누구든지 일하기 싫어하거든 먹지도 말게 하라"고 기록돼 있으므로 성경에서 노동(일)의 가치가 충분히 강조되고 있지만, 노동을 기도와 비교한 점은 잘 이해되지 않았다.

"예수께서 힘쓰고 애써 더욱 간절히 기도하시니 땀이 땅에 떨어지는 핏방울같이 되더라." (누가복음 22장 44절)

라고 기록돼 있는데, 이것을 뜻하는가? 당시에는 "기도가 땀을 흘리는 노동자의 고된 노동과 같다"는 의미 정도로 이해하고 지나쳤다. 그러나 이후 이 말씀의 의미를 이해하고자 골몰하기 시작했다. 나중에 성경 말씀을 읽고 예수원에 걸려 있는 표어의 진정한 의미를 깨닫게 됐다.

"사람을 기쁘게 하는 자와 같이 눈가림만 하지 말고 오직 주를 두려워하여 성실한 마음으로 일하라" (골로새서 3장 22절)

"무슨 일을 하든지 마음을 다하여 주께 하듯 하고 사람에게 하듯 하지 말라" (골로새서 3장 23절)

이 말씀은 일을 할 때 주님을 두려워하면서 정성을 다하여 성실하게 하라는 뜻이다. 이런 노동 자세는 곧 '주님께 기도'하는 것과 같다는 뜻이다. 정성껏 땀 흘려 일하지 않는 사람이 정성껏 기도할 리가 없다. 반면 기도를 게을리하는 사람이 마음을 다하여 주께 하듯 일할 리 없다. 세상에서 일(노동)을 하는 것과 신앙생활을 분리하여 삶을 사는 많은 기독교인들에게 도전을 주는 말씀이다.

"노동은 기도요, 기도가 노동이다."

라는 진리를 깨달은 후 나는 땀 흘려 일하는 것을 기쁨으로 여기기 시작했다. 뙤약볕 아래서 구슬 같은 땀을 흘리면서 노동을 할 때 기쁨과 함께 무아의 경지를 느꼈다. 사무실에서도 누구에게 일을 시키는 것을 생각하기 보다는 내가 할 수 있는 일은 내가 직접 하는 것을 즐겨했다. 몸을 움직이는 일일수록 더 그랬다. 땀을 흘리는 노동의 진정한 가치가 무엇인가를 알게 된 것이다.

예수원의 공동체 구성원들은 일을 시작하기 전에 반드시 기도하는 것을 생활화한다. 이 영향을 받아 나도 매일 업무를 시작하기 전에 기도하는 것을 습성화했다. 이렇게 하니 집중이 잘 됐고 효과적인 연구를 할 수 있었으며 효율적인 시간 관리도 가능했다. 비록 부족한 점이 많았지만 업무를 수행하는 과정에서 하나님께 영광을 돌리는 삶을 살려고 노력하는 계기가 됐다.

꿈속에 없었던 영국 유학

　내가 근무하던 연구 기관에서는 대부분의 연구원이 박사 학위를 갖고 있었다. 직장 내에서 호칭조차도 '박사'였다. 연구직이 아닌 사람들이 이를 접하게 되면 이질감을 느끼겠지만, 피할 수 없는 조직 문화였다. 박사 학위가 없이 근무했던 나에게는 당연히 이것이 스트레스로 작용했다. 우리나라에서 연구라는 직업을 계속하기 위해서는 박사학위가 절대적으로 필요하다고 느꼈다.

　내가 연구하는 분야의 전문 지식도 확장하고 박사 학위도 취득하기 위하여 공부를 더 하기로 작정했다. 박사 학위를 위하여 공부하는 것을 꿈꾸지 않았던 나는 상당한 압박감을 받았다. 더구나 내게 필요한 전문 지식은 기술 정책 관련 학문인데, 국내에서는 당시 이런 전공 분야를 교육하고 박사 학위를 주는 대학이나 연구 기관이 없었다. 유학을 나가야 했다.

　유학을 한다는 것은 꿈에도 생각 못한 일이었다. 유학을 간다면 어느 나라 어느 대학으로 가야 하는지, 또 비용은 어떻게 감당할 것인지, 가족들은 어떻게 해야 하는지, 앞길이 막막했다. 더구나 30대 후반의 늦은 나이에 유학을 간다고 하니 주위에서 모두 걱정했다.

"하나님께 매달리는 수밖에 없다!"

기도하기 시작했다. 동안교회에 적을 두고 있었으나 집 근처인 창동교회에 가서 새벽 기도를 시작했다. 나의 새벽 기도는 창동교회와 인연을 맺게 된 계기가 됐다.

하나님께서는 놀라운 방식으로 나의 기도에 응답하셨다. 동료 연구원이 기술 혁신과 기술 정책을 전문으로 연구하고 교육하는 대학이 영국에 있다고 귀띔해 줬다. 영국 런던에서 약 1시간 거리에 있는 브라이튼(Brighton)에 있는 서섹스대학교(Sussex University) 부설 과학정책연구소(SPRU)였다.

당장 편지를 보내 학교에 대한 자료를 보내 달라고 요청했다. 자료가 와서 보니 마침 내가 찾고 있었던 전공 분야를 연구하고 있고, 세계 각국에서 상당히 많은 학생들이 유학을 와 공부하고 있다는 것을 알게 됐다. 알면 알수록 나의 기도 제목은 구체적으로 변했고, 실현 가능성이 높아져 갔다.

그러던 어느 날, 어떤 영국인 한 분이 산업연구원으로 날 찾아왔다. 스위스 제네바에 있는 세계지식재산권기구(WIPO)에 근무하고 있는 '마이클 브라크니'라는 직원이었다. 그는 WIPO의 연구 사업 일부

영국 브라이튼에 있는 서섹스대학교 전경

를 내가 수행해 주면 연구 사례비와 제네바-서울 간 왕복 항공기 표
를 주는데, UN의 여비 규정에 따라 비즈니스 항공권을 제공하겠다고
했다. 그가 주겠다고 제안한 연구 사례비는 공교롭게도 영국의 1년
등록금이 될 정도였다.[3]

브라크니 씨의 제의를 거절할 이유가 없었다. 하나님께서 내 기도에
응답하시고 보낸 분이라고 믿었다. 영국 유학을 계획하고 있었으므로
영국을 갈 수 있는 절호의 기회가 온 것이다. 나는 그의 제의를 수락
하고 곧바로 연구 작업을 시작했다. 연구 내용은 우리나라 농업 기계

---

3   영국 대학교의 대학원은 학기별로 등록을 하는 것이 아니고 1년에 한 번 등록을 한
    다. 대학원 박사 과정은 의무적으로 2년 등록을 하면 된다. 그 이후는 학생 신분을 유
    지할 수 있는 약간의 등록금을 내고 공부할 수 있다.

산업의 지식재산권 활동을 분석하는 것이었다. 다행히 내게 흥미 있는 연구 주제였고, 학문적으로도 기술 정책 연구에 보탬이 되는 연구였다. 나는 WIPO에서 요청한 연구 내용에 따라 회귀 분석을 통하여 지식재산권 활동과 부가가치 증가 간의 인과 관계까지 분석하였다.

정한 기일 내에 연구를 마치고 서울에서 워크숍을 거쳐 최종 발표를 하기 위해 스위스 제네바에 있는 WIPO 본부로 향했다. 서울을 떠나기 전에 산업연구원을 퇴직했다. 제네바에서의 내 발표는 전문가들로부터 좋은 반응을 얻고 기분 좋게 마무리됐다. 발표를 마치고 제네바 시내 관광을 한 다음, 곧바로 영국 런던 남부에 있는 브라이튼을 향해 떠났다. WIPO가 제공한 비행기 표는 스위스 제네바를 거쳐 영국 런던을 왕복하는 것이었다.

런던 남부에 있는 개트윅(Gatwick) 공항에 내리니 WIPO 프로젝트 책임자였던 이안(Ian) 씨가 마중을 나와 있었다. 그는 영국 중부 밀턴케인즈 근처에 사는 분이었는데, 일부러 나를 위해 개트윅 공항까지 나온 것이다. 연구할 때는 쌀쌀하기 그지없었던 그가 이날은 아주 따뜻하게 대해 줬다. 그는 나를 픽업하고 브라이튼과 가까운 '루이스'라는 조그마한 도시에 있는 한 이탈리아 음식점으로 가 저녁 식사를 대접했다. 처음 접한 영국에서 이안 씨가 그렇게 친절하게 맞이해 주니 내 마음이 안정되고 편안해졌다. 진심으로 고마움을 느꼈고 그에 대한 서운한 감정이 모두 사라졌다.

이렇게 해서 나의 영국 유학은 시작됐다.

영국에서 맞이한 첫 성탄절

낯선 영국에서는 험난한 생활이 나를 기다리고 있었다. 10월의 영국 날씨는 표현하기 어려울 정도로 춥고, 어둡고, 쓸쓸했다. 이미 영국의 안개와 비에 대해 많이 듣긴 했지만, 직접 접해 보니 훨씬 더 혹독했다. 게다가 물가 수준이 상상했던 것보다 더 높아 '과연 내가 이곳에서 살아갈 수 있을까?'라는 의문이 계속됐다.

나는 학교 밖 '호브(Hove)'라는 지역에 있는 기숙사에 머물렀다. 기숙사 방 안에 전기 히터가 하나 있었는데, 50펜스짜리 큰 동전을 넣어야 작동했다. 그나마 2시간 정도 지나면 꺼져 버렸다. 새 동전을 넣으라는 것이다. 동전을 구하려면 이곳저곳을 헤매야 했다. 영국의 환경에 적응하고 살아남기 위해서는 기도가 절실하게 필요했다.

영국에 간 후 2달 정도 지나 성탄절이 왔다. 혼자 외국에서 성탄절을 보내기가 너무 쓸쓸했다. 외국인 학생과 영국인 가정을 연결해 주는 'HOST'프로그램이 있었는데, 영국인의 삶을 알 수 있는 좋은 기

영국에서 맞이한 첫 번째 성탄절에 만난 휴즈 씨 가족

회라고 생각하고 신청했다. 이 프로그램으로 성탄절 연휴 때 영국 항
공사에서 파일럿으로 일하는 휴즈(Hughes) 씨 가정의 초청을 받아
런던 근교 '서레이(Surrey)'라는 지역에 위치한 그의 집에서 2박 3일을
지내게 됐다.

휴즈 씨 가족은 부인과 두 딸 그리고 아들 하나를 포함하여 다섯
식구였다. 그들은 나를 초청한 후 내가 온 한국을 세계 지도상에 표
시해 놓고 한 달 전부터 온 가족이 기도했다고 했다. 영국 그리스도
인 가정의 문화를 엿볼 수 있는 대목이다. 가족 한 명 한 명이 모두
나를 위한 선물을 준비하고 크리스마스트리 밑에 놓아 두고 있었다.
성탄절 날은 다 함께 교회에 가서 예배를 드렸고, 오후에는 선물을 나누는 시간을 가졌다.

성탄절 다음 날인 26일은 '복싱 데이'라고 부르면서 우유 배달부, 신문 배달부 등 어려운 이웃에게 미리 준비한 선물을 전달하는 날이라고 했다. 선물의 수도 많았지만 가족이 모두 모여 앉아 정성 들여 포장하는 모습이 인상 깊었다. 예수님께서 가르친 이웃 사랑의 모습이자 이웃에 대한 간접적인 복음 전도라고 여겨졌다. '복싱 데이'날 점심시간에는 아이들 할머니와 할아버지를 포함, 확대된 가족들이 모두 모여 식사를 나누면서 가족 간의 사랑을 나눴다.

또한 매 식사 전 예수 그리스도 탄생으로 인해 우리가 얻은 구원에 대한 감사기도를 하였다. '이런 자연스러운 활동을 통해 참여한 외국인이 기독교 문화를 접하게 되고 또 익숙하게 적응해 나갈 수 있겠구나!'라고 생각했다. 예수님을 믿는 나도 이런 기독인 가정의 문화를 처음 접했다.

영국의 성탄절은 대단한 명절이다. 성탄절 전날과 당일에는 철도 등 모든 대중교통 서비스가 중지될 정도여서 자가용 차를 갖고 있지 않은 사람은 이동이 어려웠다. 누구나 예수님의 탄생을 축하하고 또 예수님의 사랑을 받아야 하므로 철도 교통 서비스 관련자들도 성탄절날 쉬는 것이 당연한 일로 여기는 것 같았다.

외국인 유학생을 초청하여 며칠간 같이 지내는 영국 가정의 성탄절 행사는 의미가 깊고, 따라 해 보고 싶은 일이었다. 이렇게 해서 우리나라에 와 있는 외국인과 이주민들에 대해 친절함과 호의를 베풀면 이것이 곧 선교가 아닐까? 내가 유학을 마치고 한국에 돌아가면 나도 휴즈 씨같이 외국인 유학생을 초청하여 한국 기독교인의 가정 모습을 보여 줘야겠다고 다짐했는데, 아직까지 실천하지 못하고 있다.

우리나라도 성탄절 시즌에 온 국민이 축제를 즐겼으면 좋겠다. 석가 탄신일에는 연등을 하고 시가행진을 하는데, 왜 크리스마스에는 그런 행사가 없을까? 그리스도인들이 먼저 가정에서 또 교회에서 성탄절을 축하하는 행사를 추진하고 자연스럽게 이웃이 참여할 수 있도록 배려했으면 좋겠다.

내가 만난 신앙인 정근모

　영국에서의 캠퍼스 생활은 호기심과 흥미 속에서 하루하루 지나갔다. 내가 머물렀던 연구실은 바다가 멀리 보이고, 녹색 초원이 펼쳐진 언덕이 훤하게 내려다보이는 곳이다. 내가 살았던 '솔딘(Saltdean)'이라는 마을은 바닷가에 있어 아침저녁으로 학교에 오갈 때마다 바다를 보면서 드라이브를 즐겼다. 바닷가 옆에는 백색 절벽이 끝없이 펼쳐져 있어 독특한 아름다움으로 그 자태를 뽐냈다.

　나를 지도하였던 키쓰 파비트(Keith Pavitt) 교수는 저명한 학자가 올 때마다 나를 불러 소개하고 대화하도록 시간을 빼 줬다. 그분이 지도하고 있는 박사 학위 학생을 교육하는 방식이었다. 논문에서나 볼 수 있었던 미국, 이스라엘, 스웨덴 등 선진국 대학에 있는 유명 교수들을 만나 대화를 나눌 수 있었던 것은 그를 지도 교수로 만난 덕분이었고, 영국에서 얻을 수 있었던 큰 수확이었다.

　어느 날 파비트 교수는 한국에서 정근모 박사가 3개월 정도 체류하고자 SPRU에 온다는 이야기를 나에게 전했다. 내가 정근모 박사를 알게 된 것은 영국에 오기 전 국민일보 칼럼을 통해서였다. 그는 신앙 간증을 국민일보에 연재하고 있었는데, 그 글을 읽고 인상 깊게 기억하고 있었다. 영국에 오기 전 한국 정부에서 과기처 장관을 지냈다는 것을 알았다.

정근모 박사는 경기중학교를 수석 합격 했고, 경기고등학교 3년 과정을 4개월 만에 마친 데 이어 대입 자격 검정고시를 수석 합격 하고 서울대학교 물리학과에 입학, 2년 만에 졸업하였으며 행정대학원을 수석 합격 하는 등 당시 과학 신동으로 불렸다. 이후 미국 미시간대학교 대학원에 수석으로 합격하고 특별 장학생으로 선발되어 유학하였다. 미국 대학원에서도 2년 만에 학업을 마치고 23세에 박사 학위를 받았으며, 곧바로 플로리다주립대학교 조교수로 임명되었다. 그야말로 초스피드로 학업을 마치고 소년 교수로 등장한 천재 중의 천재였다.

그는 미국에서 MIT 연구원, 뉴욕공과대학교 부교수 및 핵융합연구소 소장, 미국과학재단 심의관 등의 경력을 마치고 귀국해서 한국과학원(KAIS)을 창립하였으며, 부원장을 지냈다. 이어서 한국전력기술(주) 사장, 고등기술연구원 원장, 명지대학교 및 호서대학교 총장, 과학기술처 장관을 두 번이나 역임하는 등 한국 과학기술계의 지도자이자 탁월한 과학 기술 행정가로 기록되고 있다. 2021년에 과학 기술 국가 유공자로 선정되기도 했다.

정근모 박사의 특이한 학력과 화려한 경력이 주목을 끌지만, 아들이 만성 신장염으로 고통을 받게 되자 자신의 신장을 아들에게 이식해 준 이야기는 더 감동적이다. 아들은 신장염을 이겨 내지 못하고 끝내 세상을 떠났지만, 그는 아들로 인해 눈물로 회개하고 참그리스도인으로 거듭난 기독교 신앙인이다. 정근모 박사의 간증 이야기는 내가 불교의 나라 태국에서 눈물로 회개하고 예수님을 영접했던 이야기와 닮아 있다.

　　"하나님은 한 사람을 구원하기 위해서 이렇게도 역사하시는구나!"

그의 간증 이야기는 국민일보에 연재되었고, 『역경의 열매』라는 제목의 단행본으로도 발간된 바 있다.

지극히 평범한 내가 정근모 박사 같은 특별한 분을 영국 유학 중에 만난 것은 행운 중 행운이었다. 나는 그분과 SPRU의 가까운 연구실에서 일하면서 자주 만났다. 정근모 박사는 SPRU 원장

정근모 박사 신앙 간증이 수록된 책
『역경의 열매』 표지

을 역임한 제프리 올드햄(Jeoff Oldham) 교수와 오래전부터 친분을 유지하고 있어서 SPRU 교수들과도 잘 아는 사이였다. 그는 내가 살았

던 마을 가까이에 있는 '롯딩딘(Rottingdean)'이라는 해변 마을에 머물렀고, 나중에 가족들도 합류하였다.

내가 학위를 받고 귀국해서 과학기술정책연구원(STEPI)에 근무하고 있을 때, 정근모 박사는 김영삼 정부하에서 또 과기처 장관에 임명되었다. 장관에 임명되자마자 나를 장관자문관 신분으로 와서 도와줄 것을 부탁했다. 나는 故 김영우 STEPI 원장과 상의한 후 곧바로 과기처에 사무실을 마련하고 업무를 시작했다. 과학 기술 정책을 전공하여 학위를 받은 나에게는 장관의 활동 모두가 내가 공부한 학문의 실제이자 배움의 대상이었다. 당연히 업무가 흥미롭고 즐거웠다.

하나님께서는 정근모 박사와의 만남을 통해서 나로 하여금 우리나라 과학 기술 정책을 효율적으로 배우게 하셨고 또 협력해서 우리나라 과학 기술 발전이라는 공동선을 이루게 하셨다. 그는 한국의 과학 기술 발전을 위해서 어떤 정책들이 필요한가에 관한 상세 설계도를 갖고 있었고 이미 한 번의 장관 수행 경험을 갖고 있었기 때문에 그것을 아주 효과적으로 실행하였다. 핵융합 연구 사업, 우수과학센터나 우수공학센터, 한국과학재단 설립, 우주 연구 개발 사업, 중간 진입 전략, 한국형 원자로 개발, 한국과학기술한림원 창립 등 수많은 정책 아이디어들이 그의 머리에서 나왔고 또 실행됐다.

눈물로 씨를 뿌리는 자

영국으로 유학을 떠났던 나이가 서른일곱 살 때였으니 만학을 한 셈이다. 오랫동안 끈질기게 공부를 더 하게 해 달라고 기도하였지만, 막상 늦은 나이에 유학 기회를 얻었을 때는 걱정과 근심이 앞섰다. 무엇보다도 정들고 안정된 직장을 떠나 사랑하는 가족과 떨어져 살아야 한다는 것이 더욱 가슴 아팠다.

아내, 열 살 된 큰딸, 여섯 살 된 작은딸과 석별의 뽀뽀를 나누고 돌아서서 탑승구 안으로 들어가면서 눈물이 주르륵 쏟아졌다. 정든 사람들과 헤어지는 슬픔을 억누를 수가 없었다. 사랑하는 가족을 제쳐 두고 학문 욕심을 좇아 이국으로 떠나는 자신이 부끄럽고 원망스러웠다.

영국에 도착해서 20대의 발랄한 대학생들과 같이 기숙사 생활을 시작한 나는 하루하루를 주님께 의지하면서 승리하는 생활을 위해 기도했다. 3년 이내에 박사 학위를 끝내겠다는 다짐을 하고 하나님께

그렇게 인도해 달라고 기도했다.

기숙사는 의외로 시끄러워서 잠자는 일 외에는 머무를 수가 없어 비좁지만 학교에서 제공하는 연구실에서 주로 생활했다. SPRU(Science Policy Research Unit)라 불리는 연구소의 학생 연구실에서 매일 기도와 함께 세 장의 성경을 읽고 난 후에 연구를 시작하는 습관을 가졌다.

캠퍼스에서 연구 생활 이외에 가장 뜻깊었던 것은 캠퍼스 한가운데 위치한 미팅 하우스에서의 성경 공부 모임과 경건의 시간이었다. 미팅 하우스는 학생들이 신앙 활동을 위해 학교가 지은, 교회와 유사한 곳이다. 그곳에서는 명상과 기도를 할 수 있고, 파이프 오르간이나 피아노 연주회가 열려 음악 감상을 할 수도 있다. 또 가톨릭이나 성공회 신부가 집도하여 예배를 드리기도 한다.

미팅 하우스에서는 한국인 유학생들끼리 모여 한국어로 예배를 드리기도 하였는데, 이런 모임을 통해서 가족에 대한 그리움을 달랬다. 그곳에서 영국 학생들과의 성경 공부 모임은 영어 능력 향상뿐만 아니라 영국인들의 신앙생활을 이해하는 데도 큰 도움이 됐다.

미팅 하우스에서 있었던 시간이 내 유학 생활의 중요한 부분이 된 것은 그곳에서 많은 시간을 보내기도 했고, 어려운 일이 있을 때마다 하나님께 기도를 드렸고 또 응답받는 감격을 누렸기 때문이다. 그곳에는 세 개의 조그만 기도실이 있다. 기도실에 들어가면 아무도 나와 주님과의 대화를 간섭할 수 없다. 마치 어린아이가 부모에게 하는 것처럼 어려움을 얘기하였고, 위로를 얻을 수 있었다. 더욱 감사했던

경건의 시간을 자주 가졌던 서섹스대학교 미팅 하우스

것은 누군가가 기도실 앞에 따뜻한 차와 커피를 준비해 놓는 것이다. 기도실 외에도 '침묵의 방'이라는 곳이 있는데, 그곳에서는 그냥 말없이 쉴 수가 있어서 좋았다.

하나님께서는 나의 기도를 모두 들어주셨다. 기도했던 바대로 마침내 2년 8개월 만에 박사학위 논문을 마쳤다. 논문시험을 마치고 합격했다는 소식을 듣고 곧바로 미팅하우스 기도실에 들어가 눈물로 감사기도를 드렸다. 유학을 떠날 때 다짐했던 대로 3년 이내에 박사학위를 마치고 귀국할 수 있었던 것은 전적으로 하나님께서 도와주시고 인도해 주신 덕분이었다.

1993년 8월 김포공항에 도착해서 시편 126편 6절 말씀을 생각했다.

"울며 씨를 뿌리러 나가는 자는 반드시 기쁨으로 그 곡식 단을 가지고 돌아오리로다."

이 땅의 모든 학생들에게 말하고 싶다. 하나님께서 이 땅에 주신 진리는 믿음 안에서 발견될 수 있고 또 믿음 안에서 올바른 방향으로 사용될 수 있다고. 그러기 때문에 캠퍼스 복음화가 절실하다. 세속적인 가치가 아니라 그리스도 신앙인의 가치로서 올바른 캠퍼스 문화가 이 땅에 하루속히 정착되길 기대해 본다.

제3장

여름

솔로몬 궁전에 비유된 여름 꽃 백합

여름에는 모든 식물이 왕성하게 자란다. 하나님께서 설계하신 대로 적당한 비와 더운 기온에 의해 식물은 매일 매일 성장한다. 농부가 땀을 가장 많이 흘리는 계절이 바로 여름철이다. 곡식뿐만 아니라 각종 꽃나무와 잡초들도 급속하게 자라면서 생존능력을 과시한다. 봄에 피는 꽃도 예쁘지만 여름에 피는 꽃은 더 화려하다. 어머니는 여름철 이런 식물의 왕성한 성장을 '미치게 자란다'는 표현을 해서 공감한 적이 있다.

백합(lily)은 여름철에 피는 꽃 중에서 단연코 왕관을 차지할 만한 화려한 꽃나무다. 햇볕이 직접 쬐지 않는 숲이나 수목의 그늘진 곳에서 자라는 백합은 잎은 서로 어긋나게 자라고 줄 모양이며 꽃잎이 6개로 떨어져 난다. 가을에 심는 구근초로 주로 북반구 온대 지방에 서식하며, 특히 동아시아 지역에 종류가 풍부하고 아름다운 꽃이 많다고 한다.

7월에 피는 여름 꽃 백합의 모습

예수님은 백합꽃을 솔로몬 궁전의 영광에 비유했다. 인간이 창조한 작품이 아름답고 훌륭하지만 하나님께서 창조한 들꽃 하나만큼에도 미치지 못한다고 표현하셨다. 이 땅에서 무엇을 먹을까, 무엇을 입을까, 걱정하지 말고 하나님 나라의 의(義)를 추구하라는 뜻에서 이 말씀을 하신 것으로 이해된다.

"백합화를 생각하여 보라 실도 만들지 않고 짜지도 아니하느니라. 그러나 내가 너희에게 말하노니 솔로몬의 모든 영광으로도 입은 것이 이 꽃 하나만큼 훌륭하지 못하였느니라." (누가복음 12장 27절)

양주에 집을 짓고 이사한 다음 해 봄에 길을 지나치다가 꽃집에서 백합화를 발견하고 세 그루를 사서 집 앞 정원에 심었다. 백합나무는 그해 7월에 꽃을 아름답게 피웠고, 이듬해에는 두 배로 번식해서 여러 개의 줄기가 더 나와 화려한 꽃 무리를 만들었다. 꽃의 모습도 아름답지만 꽃향기가 온 정원에 퍼져 진동했다. 과연 예수님께서 솔로몬 궁전의 영광에 비유할 만큼 화려하고 강한 향기를 갖는 꽃임을 실감했다.

모든 식물이 왕성하게 자라고, 화려한 꽃을 피우는 여름철은 내 믿음과 신앙이 빠르게 성장한 시기와 비교된다. 내 믿음이 강해짐에 따라 신앙생활도 왕성해졌고, 사회에서 내가 맡은 역할도 확대되기 시작했다. 믿음으로 일한다는 것은 곧 하나님께서 나와 동행한다는 것을 의미한다. 하나님께서는 내게 에너지를 부어 주서서 왕성한 추진력으로 내가 부여받은 일들을 수행할 수 있었다고 회상한다.

예수님은 우리 그리스도인들에게 세상에 나가 소금과 빛의 역할을 수행하라고 말씀하셨다.

"너희는 세상의 소금이니 소금이 만일 그 맛을 잃으면 무엇으로 짜게 하리요 후에는 아무 쓸데없어 다만 밖에 버려져 사람에게 밟힐 뿐이니라" (마태복음 5장 13절)

또 사도 바울은 에베소에 있는 성도들과 그리스도 예수 안에 있는 진실한 자들에게 빛의 자녀들처럼 행하라고 편지를 썼다.

"너희가 전에는 어둠이더니 이제는 주 안에서 빛이라 빛의 자녀들처럼 행하라" (에베소서 5장 8절)

소금의 역할은 내가 속한 조직이나 사회가 부패하거나 나태해지지 않도록 하라는 뜻이다. 그리고 빛의 역할은 내가 속한 곳은 어느 곳이나 빛을 비추어 어둠을 없애고 밝게 만들라는 뜻이다. 우리가 과연 이 세상에서 소금이나 빛의 역할을 했는가는 하나님께서 판단하실 것이다. 그리스도인들은 이 말씀을 늘 명심하면서 업무에 임해야 함을 느끼게 된다.

죽의 장막이 걷힌 중국을 가다

중국이 개방 노선을 선택하고 한·중 간 수교가 이뤄졌다. 이른바 중국의 '죽의 장벽'이 걷힌 것이다. 1996년 7월 한·중 수교 기념으로 시작된 양국 간 산업 기술 정책 세미나 참석차 중국 북경과 상해를 여행하였다. 전 해에 서울에서 개최되었던 제1차 세미나에 잠시 들렀던 일을 제외하면 나는 이 행사와 관계가 없는데 선발이 돼서 참여하게 됐다.

7월 10일, 김포공항을 떠나 북경에 도착한 우리 대표단은 중국과학기술위원회 산하 과기촉진발전센터 직원의 안내를 받아 곧바로 쿤런호텔에 여장을 풀었다. 호텔에서 잠시 쉰 다음 우리는 중국과학기술위원회로 이동하여 부주임 혜영정 씨를 접견했다. 과학기술부 차관이었던 혜영정 씨는 한국과 중국 양국이 첨단 기술 부문에서 구체적인 협력을 강화하자고 역설했다.

과학기술위원회 방문을 마치고 만찬장에 들어갔다. 같은 테이블에 앉은 부주임인(차관보급) 석정환 씨와 이야기를 나눴다. 그는 과학 기술뿐만 아니라 사회 문제, 경제 문제, 과학 기술 정책 등 다방면 걸쳐 해박하게 의견을 말했다. 중국 사회의 변환과정에서 일어날 수 있는 많은 문제에 관해서도 상당한 정도의 전문 지식을 갖추고 있었다.

이튿날부터 시작된 세미나는 20여 명의 한·중 양국의 전문가, 공무원, 기업체 임원들이 주제 발표를 하고 토론을 벌였다. 중국 측 참가자들은 오늘의 경제 발전과 기술 발전을 가능케 했던 한국 정부의 정책에 관하여 많은 질문을 했다. 강택민 주석이 "중국의 모든 공무원들은 한국을 배우라"는 특별 지시를 내렸다고 한다.

둘째 날, 두 번째로 '한국의 기계공업'에 관해 주제 발표를 한 나는 주로 학계 인사들로부터 여러 질문을 받았다. 그들은 세미나가 끝난 후에도 대화를 계속 나누고 싶어 했다.

세미나가 끝나고 우리 측 단장인 김인수 교수는 북경 한인교회의 초청을 받아 특별 강연을 했다. 약 50여 명의 교인들이 참석했는데, 김 교수는 하나님께서 중국 사람들을 사랑하시는 것 같다는 내용의 이야기를 풀어 나갔다. 하나님께서 세계에서 가장 많은 12억의 중국 사람을 창조하셨으니 "중국 사람을 사랑하시고 있다는 증거가 아닌가?"라는 것이다. 그중 하나님을 믿는 기독교 인구는 당시 약 5천만 명으로 추정되었다.

우리 대표단은 세미나를 마치고 북경의 여러 곳을 견학하였다. 아침 북경 거리에 수많은 사람들이 체조를 하거나 댄스 교습을 받는 모습이 인상 깊었다. 휘황찬란한 밤거리에는 노래방도 있었다. 영화

북경에서 열린 제2회 한·중 산업기술세미나에서 발표하는 필자

〈마지막 황제〉에서 보였던 자금성과 황제의 여름 별장인 이화원을
방문했다. 북방의 오랑캐를 막기 위하여 쌓았다고 하는 만리장성도
걸었다. 북한 정부가 운영한다고 하는 음식점에 가서 북한 사람도
봤다.

우리 눈에는 중국이 더 이상 문화 혁명이 연상되는 사회주의 국가
가 아니었다. 거리에는 활력이 넘쳤고, 사람들은 밤늦게까지 일하고
있었다. 시장은 세련되지는 못했지만 팔 수 있는 상품으로 넘쳐났다.
상인들은 상품을 팔기 위하여 집요하게 손님을 유혹했다. 관료들은
어떻게 하면 나라 경제와 과학 기술을 발전시킬 수 있는가에 대하여

깊이 고민하고 있었다. 교수나 연구원들은 근로자들과 같은 월급을 받으면서도 밝아 보였다.

4박 5일의 북경 여정을 끝내고 상해로 이동했다. 북경에서 상해로 가는 비행기를 예정 출발 시간보다 몇 시간을 더 기다려서 겨우 탈 수 있었다. 주일날 저녁에 도착하여 예배드릴 수 있는 곳을 찾았으나, 너무 늦은 시간이었다. 상해는 북경보다 훨씬 더 번화했다. 고층 빌딩이 즐비했고, 백화점과 고급 호텔이 여기저기에 널려 있었다. 거리마다 자전거 탄 사람들로 북적댔다. 우리가 머물 호텔 방에 들어가자 벌써 내 이름까지 넣어서 환영 카드와 꽃다발이 놓여 있었다.

상해에서는 포동 지역의 카오헤징단지와 장강단지 그리고 가정 지역의 민영산업단지 등 세 개의 첨단 기술 산업 단지를 방문했다. 이들 산업 단지의 성장세와 야심찬 계획이 인상적이었다. 특히, 가정 민영산업단지는 시작한 지 불과 4년밖에 안 됐는데 약 1,000개의 외국 기업체를 유치하였다고 했다.

첨단기술 산업단지 중에서 특별히 인상 깊은 곳은 장강단지였다. 이 단지 관리소장은 1시간 반 동안 브리핑을 하면서 자기 단지 내에 교회를 지을 계획도 갖고 있다고 언급했다. 외국인 투자가들이 이 단지에 와서 편안하게 살면서 사업할 수 있도록 그들의 종교 활동까지 지원하겠다는 것이다. 1평 방 미터당 땅값은 약 100달러. 그러나 70년 임차이므로 70년 후에는 돌려주거나 재계약을 해야 한다.

산업 단지 방문을 마치고 김구(金九) 선생께서 기거했던 우리나라 임시 정부를 방문했다. 상해 중심가 빈민촌 초라한 곳에 있는 임시 정부를 방문하고 당시 임정 수반들이 겪었을 나라 잃은 슬픔, 고통, 외로움 등을 상상하면서 숙연해짐을 느꼈다.

그날 오후, 황포강변에 있는 외탄(外灘) 지역을 걸었다. 1930년대에 외국인들이 건축한 유럽풍 건물이 즐비했다. "중국인들과 개는 들어올 수 없다"라고 선포했다던 외국인 전용 주거 단지는 흔적도 없이 사라지고, 그 자리에 거대한 '인민영웅기념탑'이 서 있다. 기념탑 근처에 유유히 흐르는 황포강을 따라 1시간 정도 여객선을 탔다.

마지막 날 밤, 그동안 우리를 안내했던 중국인 고 씨, 상해시청의 탄 씨, 운전기사와 누군지 모르는 한 사람의 중국인 그리고 중국인 학생 두 명을 한국 음식점 '한국원'에 초대하여 만찬을 나눴다. 된장찌개와 김치를 먹으면서 서울 생각이 났다.

저녁 식사를 마치고 누군가가 뒤풀이를 하자고 제안한다. 우리의 노래방 문화가 이제 국제 문화로 정착한 것 같았다. 차례로 노래를 부르기 시작한 지 몇 번째. 이름 모르는 그 중국인과 버스 기사가 힘차게 공산당 찬가를 부르기 시작했다. 나는 순간 문화 혁명을 상상하면서 섬뜩함을 느꼈다. 이 분위기가 변화할 수 있을까? 없을까?

그날 이후 27년이 지난 지금, 시진핑 주석은 외국인 선교사들을 추방하고 교회를 폐쇄한다고 하니 한 국가 사회 문화를 변화시킨다는 것이 얼마나 어려운 것인가 새삼 깨닫는다. 하나님께서 동행해 주시지 않는다면 그 누가 국가를 변화시킬 수 있는가!

선교에 눈을 뜨게 한 홍콩 여행

1997년 6월, 마카오에서의 있었던 국제 콘퍼런스에 참석하기 위하여 출국을 앞두고 나는 마음이 설레었다. 콘퍼런스는 포르투칼령인 마카오에서 포르투칼 첨단기술연구소가 미국 텍사스 대학교 오스틴 부설 기술혁신연구소(IC²)와 공동으로 '기술 혁신과 과학 기술 정책'이라는 주제를 갖고 최초로 개최한 행사였다.

고려대학교 경영학부 교수로 재직하다가 과학기술정책연구소 소장으로 부임한 지 얼마 안 된 김인수 교수와 같이 콘퍼런스에 참석하게 돼서 약간의 부담감도 있었지만, 평소 존경하던 분이라 흥분됨을 느꼈다. 김인수 교수와 나는 호텔 근처에서 식사를 하고 마카오대학교 캠퍼스를 산책하면서 마카오 여행 첫날을 맞이했다.

콘퍼런스에는 의외로 많은 전문가들이 참석했다. 싱가포르, 태국, 대만, 중국, 일본 등 아시아 국가, 미국, 유럽 등 세계 각지로부터 많은 전문가들이 참석했다. 평소에 지면으로 알았던 학자들이 참석해서 기술 혁신을 연구하는 연구자로서 저명한 분들을 한꺼번에 만날 수 있는 참으로 좋은 기회였다.

김인수 교수는 한 분 한 분을 나에게 소개하였고, 많은 학자들과 대화를 나눴다. 150여 편의 논문이 발표된 다음 날, 쉬지 않고 이곳 저곳 세션을 돌면서 흥미 있는 발표 제목을 찾아 옮겨 다녔다. 김 교수는 내 논문 발표에도 들렀는데, 난 떨려서 어떻게 발표했는지조차 기억이 나지 않을 정도로 20여 분을 보냈다.

김인수 교수와 같이 보낸 그 행사 이후 나는 콘퍼런스에 참석할 때마다 그분을 기억하고 회상한다. 어떻게 저렇게 열정을 가질 수 있을까! 하는 감탄과 함께 "나도 김인수 교수처럼 열심히 하자"라는 자극을 느꼈다. 외국에서 열리는 국제 콘퍼런스에 참석할 때마다 자유롭게 구경도 하고 싶지만, 그분을 생각하면서 지금도 "열심히 해야지"라는 도전을 느낀다.

당시 홍콩은 7월 1일부로 영국으로부터 중국으로 이관을 앞두고 있었기 때문에 세계의 이목을 받고 있었다. 마치 하늘이 슬퍼하는 것처럼 이튿날부터 종일 비가 내렸다. 마카오대학교가 위치한 섬에서 본토를 가는 긴 다리 위를 지나는데, 두려울 정도의 엄청난 폭우가 쏟아졌다. 깊은 흑암에 천둥과 번개가 어우러져서 쏟아지던 비는 이후에도 잊을 수가 없다.

홍콩이 중국으로 반환된 다음 날, 김 교수와 나는 배를 타고 마카오를 떠나 홍콩에 도착했다. 홍콩에 수많은 외국인들이 중국으로의 반환 행사를 구경하기 위하여 와 있었기 때문에 호텔은 하룻밤에

홍콩 센트럴아일랜드에서 바라본 구룡반도 전경

500달러 이상을 호가했다. 김인수 교수는 홍콩 한인교회에서 '크리스찬 가정'에 대하여 강연이 계획되어 있어 숙소가 마련돼 있었다. 비싼 호텔에서 자느니 여러 명이 잘 수 있는 방이니까 같은 방에서 보내자는 김 교수의 제안을 따르기로 했다. 예민하고 날카로운 분이라고 들었기 때문에 내가 혹시 코를 골거나 하면 어떻게 하나 걱정했다.

홍콩에서의 숙소는 수영장과 좋은 음식점이 있고, 열대림으로 우거진 아름다운 정원을 가진 영국군 장교클럽이었다. 영국군이 철수하면서 중국군에 이관하지 않고 선교 단체에 넘겼기 때문에 선교사들에게 빌려준다고 했다. 나는 여러 침대가 있는 큰 방에 짐을 푼 후, 김 교수의 스케줄에 따라 '크리스천 가정'에 관한 강연에 동참했다.

김 교수의 강연은 명성을 얻을 만큼 청중들을 사로잡았다. 부부 관계, 자녀 교육 문제, 신앙관, 자신의 경험 등 하나님께서 원하시는 가정의 모습에 대하여 다양한 비유를 들어 설명했다. 강연은 하루 종일 계속되고 저녁 시간까지 진행됐는데도 자리를 뜨는 사람이 없었다. 나도 직장에서 몇 번 김 교수의 강의를 들었지만 그때 받은 감동은 오랫동안 남아 있다.

김인수 교수는 선교 후원을 많이 하는 분으로 소문이 나 있다. 강연 중에도 식사 때마다 홍콩에 있는 여러분의 내·외국인 선교사들을 만났다. 강연이 끝나고 누군가가 사례 봉투를 건넸는데, 그 봉투를 그대로 목사님께 선교비로 써 달라고 돌려 드리던 모습이 기억난다. 김인수 교수의 선교 열정을 보고 난 이후 나는 그리스도인으로서 그분의 발끝만큼도 따라가지 못한다고 종종 말하곤 했다.

마카오와 홍콩에서의 모든 일정을 마치고 우리는 홍콩 공항으로 향했다. 예상외로 일찍 공항에 도착한 우리는 아이 쇼핑이라도 하자고 공항 면세점을 두리번거렸다. 그런데 한 시간 가까이 돌아다녔는데도 그분은 면세점에서 아무 선물 하나 사질 않았다. 보다 못해 내가 사모님 드리라고 조그만 선물 하나를 사서 드렸더니 정색을 하면서 거절하셨다. 나는 그 이후로 김인수 교수를 이 시대의 '세례 요한'으로 종종 비유하곤 한다.

"어떻게 성경 말씀을 철저하게 생활에 적용할 수 있을까!"

김인수 교수를 보고 나는 하나님 말씀에 순종하기를 거절하는 이스라엘 사람들에게 '독사의 자식들아'라고 외쳤던 세례 요한을 연상했다. 잘못된 행위를 보면 직설적으로 나무랐던 그분의 모습은 나에게 성경에 나오는 인물 세례 요한처럼 느껴졌다. 그는 그리스도인으로서 진정 이 시대의 빛과 소금의 역할을 수행하고 있었다.

나는 연약한 그리스도인이지만 그분을 통해서 연구자로서 걸어야 할 길과 신앙인으로서 걸어야 할 소중한 길을 발견하였다. 그리고 선교에 대한 그분의 열정을 보고 선교를 바라보는 나의 눈도 떠졌다. 예수님의 말씀을 다시 한번 더 생각한다.

> "오직 성령이 너희에게 임하시면 너희가 권능을 받고 예루살렘과 온 유대와 사마리아와 땅끝까지 이르러 내 증인이 되리라 하시니라" (사도행전 1장 8절)

하나님이 인도하신 대구테크노폴리스 구상

2003년 3월, 과학기술정책연구원(STEPI)에 재직하고 있던 나는 동료 연구원의 소개로 대구시를 방문했다. '대구시가 섬유 산업 도시의 한계를 뛰어넘어 과학 기술 도시로 발전하기 위해서 무엇을 해야 하는가?'에 대한 전문가 자문을 받고 싶다는 얘기를 듣고 나를 전문가로 추천한 것이다. 한 달 전인 2월 18일, 대구 지하철 1호선 중앙로역 구내에서 50대 중반의 한 승객의 방화로 열차에 탑승하고 있던 192명의 승객이 사망한 대형 참사가 발생했고 유족들이 시청 앞에서 천막 시위를 하고 있어 대구시 분위기가 뒤숭숭한 때였다.

당시 대구시 과학기술진흥실 강성철 실장은 나와 잠시 얘기를 나누다가 자신보다는 시장과 직접 얘기를 나누는 것이 좋겠다고 하면서 곧바로 시장 비서실에 연락한 후 나를 시장실에 안내했다. 당시 조해녕 시장은 아무 말 없이 내 이야기를 경청하고 고개만 끄덕였다. 대구시가 과학 기술 도시로 변신하기 위해서는 "어떻게 해야 하는가"

에 대한 나의 아이디어를 생각나는 대로 이야기했었다.

시장의 반응을 알 수 없었던 나는 과학기술진흥실로 돌아와서 강 실장에게 물었다.

"시장님께서 아무 말 없이 고개만 끄덕이고 있으시던데, 그 반응이 긍정적인가요? 아니면 부정적인가요?"

강 실장은 자신감 있게 대답했다.

"시장께서는 당신의 얘기를 모두 공감했습니다. 내가 그분의 비서 실장을 해 봤기 때문에 그분의 얼굴 표정만 봐도 알 수 있지요."

강 실장은 당장 구체적인 실행 계획을 만드는 프로젝트를 추진하 자고 제안했다. 이렇게 해서 나는 2003년 4월 3일 '대구테크노폴리 스 및 연구 개발 집적지구 조성 기본 계획' 수립을 위한 수탁 연구를 계약하고 연구를 시작했다. 그런데 이 연구를 수행하기로 결심하기 전까지는 사실 상당한 고심이 있었다. 내가 이 연구를 해야 할 이유 보다는 하지 않아야 할 이유가 더 많아 기도 없이는 결정하기 어려 웠다.

대구테크노폴리스 연구를 해야 할 이유는 당시 내가 지역 혁신 시 스템을 연구하고 있었기 때문이다. 1995년부터 시작한 나의 '국가 혁 신 시스템' 연구는 '지역 혁신 시스템' 연구로 진화하고 있었다. '섬유

산업 도시 대구시의 과학 기술 도시로의 혁신'은 과학 기술 혁신과 정책을 전공한 내게 매력적인 연구 주제였다. '테크노폴리스'라는 용어도 우리나라에서는 아직 적용되지 않았기 때문에 흥미를 끌었다.

그러나 내가 이런 매력적인 연구 프로젝트를 수행하기에는 대구시에 관하여 너무나 아는 것이 없었다. 대구에서 태어나지도 않았고, 공부를 한 적도 없었으며, 살아 본 적도 없었다. 더구나 나는 많은 사람들이 싫어한다는 전라도 출신이었다. 믿을 것이라곤 대구 출신 동료 연구원들 몇 명이었다. 이 연구를 하지 않아야 할 이유가 더 많았던 것이다. '하나님께 기도하는 수밖에 없다'라고 생각했다. 결과적으로 "믿음으로 도전하라"는 응답이라고 생각하고 이 연구를 수행하게 됐다.

대구테크노폴리스로 개발 중인 달성군 현풍면과 유가면 일대 모습

이 연구를 위해, STEPI, 대구경북개발연구원, 경북대학교, 한백종합기술공사, 대구대학교, 대전대학교 등 6개 기관에 소속된 24명의 전문가들로 연구팀을 구성했다. 그리고 산업계, 학계, 연구계, 정부 관료 등 26명의 다양한 전문가들로 '기술혁신비전자문위원회'와 '총괄 자문위원회'를 구성했다. 4월부터 10월까지 약 6개월간의 비교적 짧은 기간의 연구 끝에 10월 8일 중간 보고 및 공청회가 대구문화예술회관 국제회의장에서 개최됐다.

공청회 자리에서 혁신클러스터 육성을 통한 대구시의 종합 발전 비전을 제시하였으며, 선진국의 테크노폴리스 건설 사례 및 시사점과 함께 대구시의 테크노폴리스 입지 여건과 입지 수요를 분석하여 발표하였다. 이에 더하여 테크노폴리스 운영 시스템과 실행 전략, 소요 예산 조달 방안과 추진 체계 등 상세한 실행 전략을 제시하였다. 중앙정부 지원을 염두에 두고 대구테크노폴리스 건설의 타당성과 정책 과제까지 제시했다.

당시 지역 언론의 최대 관심사는 대구의 어느 곳에 얼마만큼의 규모로 과학 기술 신도시가 개발되느냐였다. 연구팀은 대구시의 주요 지역을 정밀하게 조사하여 분석한 후 달성군 현풍면과 유가면 일대를 테크노폴리스 후보지로 추천하였다. 그리고 토지 이용 계획을 전문적으로 수립해 왔던 한백종합기술공사의 지원으로 테크노폴리스 기능 및 배치 계획까지 수립해서 제시했다. 공청회 내용이 언론에 보도되자 해당 지역 주민들은 환호성을 질렀지만, 후보지로 추천받지 못한 지역 주민들은 아쉬워했다.

2004년 1월, 최종 연구 보고서가 대구시에 제출됐고, 과연 이 계획이 실현될 수 있을 것인가가 초미의 관심사였다. 대구시는 이런 대규모 신도시 건설 사업을 실행할 만한 재정 능력이 없었다. 중앙정부도 대구시의 이런 계획을 재정적으로 지원할 만한 상황이 아니었다. 결국 공공 기관인 한국토지공사가 이 사업을 추진해야 하는데, 노무현 정부가 긍정적으로 움직여 줄지 회의적이었다. 당시 대구시는 노무현 정부의 가장 강한 야당 지역이었기 때문이다.

아무리 들여다봐도 긍정적인 요인이 없었으나 대구테크노폴리스 건설 사업은 한국토지공사에 의해 추진되기 시작했다. 기적이었다. 들리는 말에 의하면 토지공사의 일감이 떨어져서 불가피하게 추진했다고 하지만, 몇조 원이 투입되는 사업을 일감 확보 차원에서 추진될 리는 없다. 나는 기독교 신앙인으로서 지금도 하나님께서 '대구테크노폴리스 건설 사업'이 실행되도록 역사하셨다고 믿고 있다. '하나님이 인도하신 대구테크노폴리스 구상'으로 이 글의 제목을 붙인 이유이다.

믿음으로 도전한 DGIST 마스터 플랜

대구테크노폴리스 기본 계획을 만든 후 대구광역시는 과학 기술 도시로 탈바꿈하기 위한 정책 대안들을 서둘러 추진하기 시작했다. 가장 먼저 추진했던 정책은 과학 기술 국책 연구 기관을 대구 지역에 설립하는 것이었다. 나는 대구테크노폴리스 조성 사업이 성공하기 위해서 핵심적인 역할을 수행하는 과학 기술 연구 교육 기관이 테크노폴리스 안에 설립돼야 한다는 것을 이미 보고서를 통해서 제안했다.

대구광역시의 일부 전문가들도 오래전부터 모임을 갖고 과학 기술 국책 연구 기관 설립 방안을 제안하고 있었다. 국책 연구 기관 설립 아이디어가 전문가들과 정계 인사, 관료들 사이에서 빠르게 공감대를 형성하자 대구 경북 출신 국회의원 33명은 모두 협력하여 2003년 12월, '대구경북과학기술연구원법'을 제정·공포하였다.

법령이 공포됨에 따라 2004년 7월 이사회가 구성됐고, 대구광역시

중구에 등기를 마치자 대구경북과학기술연구원(DGIST)의 법적 실체가 만들어졌다. 8월에는 초대 원장에 데이콤 사장을 지냈던 정규석 박사를 선임하였고, 중앙정부(기획 예산처)도 예산을 배정했다. DGIST는 마침내 중구 삼성생명 빌딩에 둥지를 틀었다.

지역의 소망이었던 국책 연구 기관의 모습이 드러났으나 정작 중요한 기관의 발전 비전과 전략, 구체적인 연구 분야, 캠퍼스 입지, 기관 경영 방향 등 많은 내용이 구체적으로 정해지지 않아 마스터플랜 수립이 시급했다. DGIST는 이를 외부 용역으로 해결하기 위하여 공개 경쟁 공고를 냈다.

그런데 예기치 않게 경상북도와 대구광역시가 DGIST를 유치하고자 시작 단계부터 민감하게 경쟁하기 시작했다. 기관 이름이 '대구경북과학기술연구원'으로 돼 있고, 세부 입지가 법률 어디에도 명시돼 있지 않았기 때문에 경상북도와 대구광역시가 서로 자기 지역으로 유치하고자 경쟁하는 것이 무리는 아니었다.

대구광역시는 어렵게 추진하고 있는 대구테크노폴리스에 DGIST를 입지시켜야 할 당위성이 있었기 때문에 전력을 다했고, 경상북도도 저명한 연구 기관과 컨설팅 회사를 동원하여 유치를 위한 사전 작업을 착착 진행하고 있었다. 나는 글로벌 수준의 강력한 연구팀을 구성하고 응모하기로 작정했다. 한국의 STEPI(과학기술정책연구원), 유럽의 TNO(네델란드 왕립 응용과학연구원) 및 미국의 MIT(매사추세츠 공과대학교)과 공동 팀을 구성하면 글로벌 수준의 강력한 연구팀이 될 것이라고 생각했다.

그런데 과거에 TNO와는 교류가 좀 있었지만, 미국 MIT는 어떻게 접촉할 것인가? 이런 작업을 같이할 MIT 교수진을 전혀 알고 있지 못한 상황이었다. 기도하는 수밖에 없었고, 하나님께서는 여기에서도 응답을 주셨다. STEPI 동료 연구원이었던 이정협 박사가 서울의 어느 대학교 교수를 통해 MIT 건축·도시계획학과에 요청해 보겠다고 했고, 다행히 프로젝트를 수행하겠다는 회신이 왔다. 통상 MIT 교수진은 이런 유형의 연구 사업에 참여하지 않는 것이 관례였다고 한다.

DGIST 마스터플랜 공모에 참여할 STEPI·MIT·TNO 합동 연구팀을 구성하기로 합의하고 STEPI가 대표 연구 기관이 되어 18억 원의

완공된 대구경북과학기술원 (DGIST) 캠퍼스의 야경

총연구비를 내용으로 하는 제안서를 만들었다. STEPI 측에서는 내가 책임을 맡았고, MIT 측에서는 건축·도시계획학과장을 맡고 있는 데니스 프렌치맨(Dennis Frenchman) 교수가, TNO 측에서는 요스 레이튼(Jos Leyten) 혁신연구원 원장이 책임을 지기로 했다. 세 기관 간 협정서를 교환한 후, 2004년 10월, 제안서를 제출하였으며, 11월, DGIST 측으로부터 최종 선정 되었음을 통보받고 마침내 연구 계약을 체결했다.

　　DGIST 마스터플랜 연구팀은 대구테크노폴리스의 연구에서와 같이 3개 주관 연구 기관 이외에도 경북대학교를 비롯한 15개 국내 기관에서 모두 67명의 전문가가 참여하는 대규모로 구성됐다. STEPI에서만 12명의 연구진이 참여하였고, 경북대학교 10명, 대구와 경북의 테크노파크에서 각각 6명, 기술과 가치 5명 등 국내에서 54명, TNO에서 8명, MIT에서 5명의 연구진이 참여하였다. 연구팀을 자문할 경영 계획, 인력, 입지, IT융합 기술, BT융합 기술, NT융합 기술, NT융합 기술, 공공 원천 기술 등 7개 자문위원회를 구성했는데, 자문위원의 숫자만 66명에 달했다.

　　DGIST 마스터플랜 연구 과정에서 가장 어려웠던 것은 연구팀 간 소통과 연구의 질적 수준 유지였다. 7개월이라는 짧은 기간 내에 글로벌 연구팀이 상호 소통 하면서 소기의 연구 목표를 달성하기 위해서 연구진이 참여하는 세미나와 콘퍼런스를 최대한 많이 갖는 방식을 선택했다. 국내 연구팀은 매주 세미나를 가졌고, 매월 전 연구팀이 모여 세미나를 가졌다. TNO와 MIT 연구팀과의 국제 컨퍼런스는 대구, 네덜란드 델프트(Delft) 그리고 미국 보스턴에서 세 차례를 가졌다. 연구진의 활동은 숨 쉴 사이 없이 돌아갔다. 세미나와 콘퍼런스에서는 각자가 최신의 진척된 연구 내용을 발표하도록 하여 연구 내용을 점검하고, 부족한 점을 지적하면서 생각과 방향을 일치시키도록 노력했다.

연구할 내용과 범위가 방대했고, DGIST 성공적 안착과 발전을 위해서 중요한 이슈가 산적해 있었지만, 지역 언론은 DGIST가 어디에 입지할 것인가에 지나치게 관심을 쏟았다. 대구광역시는 테크노폴리스에 입지시켜야 한다는 공감대가 형성됐지만, 경상북도는 산하 기초 지자체에 유치 의사를 물어 지원하는 방식으로 접근한 결과 칠곡군, 구미시, 경산시, 포항시 등 4군데서 유치 신청을 냈다. 대구광역시는 현풍면 일대를 추천했으므로 경북의 4군데를 포함, 총 5군데 중에서 하나를 선정해야 하는 상황에 처했다. 당연히 DGIST 유치전이 과열됐고, 연구팀이 움직일 때마다 기자들이 따라다니면서 취재하는 풍경이 벌어졌다.

입지 선정에 관한 연구를 맡았던 MIT는 이런 광경을 보고 최종 발표를 한국에서 못 하겠다고 선언했다. DGIST 측의 불만과 불평이 극도에 달하는 것을 보면서 나는 당황했다. 할 수 없이 MIT 연구팀을 달래야 했고, 전혀 경험해 보지 못했던 화상 회의 방식으로 보스턴에서 발표하는 것을 허용해야 했다. 2005년 2월 28일 오후 3시, 인터불고호텔에서 가졌던 최종 발표회에서 MIT 연구팀은 '현풍'이 최고 점수를 받은 것으로 보고했다. 지역 언론이 이를 톱뉴스로 대서특필했고, "화상 회의가 대구시에서 처음 있는 일이었다."는 뉴스거리도 보도했다.

우여곡절을 겪으면서 2005년 5월, 연구팀은 '대구경북과학기술연구원 기본 계획'이라는 제목으로 최종 보고서를 발간하여 제출했다. 이 보고서에는 DGIST의 지역 환경 분석과 발전 방향, 국내외 벤치마킹 대상 사례, 건설의 타당성 및 파급 효과, 중점 연구 분야, 중장기 경영 계획, 운영 프로그램, 중장기 인력 수급, 입지 및 시설 계획, 추진 체계와 정책 과제 등의 내용이 총 504쪽에 수록되어 있다.

마스터플랜에는 원래 DGIST가 석·박사 과정을 포함하는 인력 양성 기능도 포함했는데, 이후 과기부의 반대에 부딪혀 실행되지 못했다. 2008년 이명박 정부가 들어서고 이한구 의원이 국회 예결산위원회 위원장을 맡게 되자 법률을 개정하고 학부 과정을 포함한 교육 기능을 다시 추진하게 됐다. 당시 DGIST 이인선 원장은 교육 기능 실행계획 연구 프로젝트 수행을 나에게 요청했고, 다시 연구팀을 구성하여 2009년 3월 '대구경북과학기술원 학위과정 계획'이라는 제목으로 보고서를 만들어 제출했다.

이런 연구 과정을 겪어 온 나는 역동적이고 감동적인 경험을 겪기도 했지만 극심한 스트레스에 시달려야 했다. 나의 능력은 약했고, 지고 있는 짐은 너무나 무거웠다. 청력에 이상이 왔고, 이명 증세가 심해져서 병원을 이곳저곳 다니게 됐다. 몸과 마음을 치유하고 스트레스를 해소할 수 있었던 유일한 길은 역시 하나님께 기도하는 것뿐이었다. 서울과 대구를 수없이 오가면서 열차 차창을 내다보며 상념에 젖을 때마다 중얼거리며 기도를 했다.

"하나님, 저를 도와주시옵소서."

그럴 때마다 하나님께서는 나를 위로하셨고, 마음의 평안을 주셨다. '인생의 가을'을 살고 있는 지금 진심으로 하나님께 모든 것을 감사드리고 있다.

달성군 군민이 되다

2011년 5월 12일, 대구과학기술원 교수로 직장을 옮겼고, 나는 서울시민으로부터 달성군민으로 바뀌었다. 지방에 사는 사람들은 서울에 가서 살고 싶다는데, 나는 거꾸로 서울에서 대구시로 이사했다. 직장은 달성군 현풍면에 위치하고 있지만 캠퍼스는 온통 공사 중이라 달성군 화원읍 구라리라는 동네 아파트에서 살게 됐다.

주소를 보면 '구라리'가 아주 시골 같은 곳이라고 생각되지만 고층아파트도 있고, 규모가 꽤 큰 마트도 있어 살기 편했다. 무엇보다도 공기가 좋아 쾌적하고, 조금만 걸으면 낙동강이 있어 산책하기가 좋았다. 아침저녁으로 산이 좋으면 산길로 가고, 강이 좋으면 강가로 드라이브하면서 출근하기가 좋았다.

아파트 내에 문화 강좌나 수영장 시설이 잘돼 있어 아내도 쉽게 적응하는 것 같았다. 아내가 아침마다 수영장에서 동네 아줌마들하고 사귀면서 이런저런 이야기를 듣고 와서 내게 전해 주면 나도 시간이 지남에 따라 동네의 한 주민으로 변화되고 있음을 느꼈다.

달성군민이 된 것은 내가 테크노폴리스 입지로서 달성군 유가면과 현풍면 일대를 추천하면서부터 인연이 맺어졌기 때문이다. 2003년 2월, 대구시로부터 '테크노폴리스 기본 계획' 연구 용역을 받아 수행했는데, 당시 달성군 일대를 돌아보면서 비슬산과 밑에 펼쳐진 넓은 들판이 테크노폴리스 입지로서 최적지로 여겨졌다.

현풍면에서 비슬산을 바라보면 항상 스위스 알프스산을 연상케 한다. 현풍에서 올려다보는 비슬산 천황봉은 알프스 '융프라우'를 닮았고, 양리와 음리를 거쳐 유가사 옆으로 돌아 비슬산 정상에 오르는 길은 융프라우 산 밑 마을들을 지나는 풍경과 같다. 한 가지 아쉬운 점은 알프스산에 오를 때 탈 수 있는 산악 철도가 비슬산에는 없다는 점이다.

1989년 8월, 처음으로 스위스 인터라켄을 방문했었다. 만년설로 뒤덮인 알프스산 아래 마을 정경이 환상적이었다. 기차를 타고 산 아래로 내려오다 산 중턱 조그만 마을에서 잠시 산책을 하고 있을 때, 머리가 하얀 중년분들이 아름다운 집에서 가든파티를 하고 있는 모습이 보였다. 색깔이 반쯤 붉어진 사과가 주렁주렁 열린 사과나무 밑이었다. 이 광경이 너무 아름다워 보여 나는 '바로 저것이 천국이다'라고 상상한 경험이 있다.

그로부터 15년이 지난 2003년 6월경, 나는 '대구테크노폴리스 기본 계획' 프로젝트를 수행하러 대구에 자주 갔다. 테크노폴리스 입지를 정해야 했기 때문에 이곳저곳을 다녔고, 마침내 현풍까지 가게 됐다.

비슬산 정상에 핀 참꽃 군락지 모습

정상에 참꽃 군락지가 있는 비슬산과 대니산 그리고 낙동강이 어우러진 현풍면과 유가면 일대는 알프스산을 연상케 한다. 알프스산과는 분위기가 다르지만 겹겹이 드러난 비슬산 풍경은 나를 압도하였다. 시간에 따라 다른 풍경을 연출하는 비슬산은 참으로 오묘한 분위기를 자아냈다. 이곳에 테크노폴리스를 건설하면 프랑스 그레노블이나 스위스 제네바를 능가하는 과학 창조 도시를 만들 수 있겠다는 생각이 들었다.

테크노폴리스와 DGIST 마스터플랜 프로젝트를 끝내고, 2011년, 나는 DGIST로 직장을 옮기게 됐다. 달성군에 와서 주말이면 이곳저곳 명소를 돌아봤다. 평소에 존경했던 곽재우 장군의 유적이 흩어져 있음을 알았고, 조선시대 일본인 귀화자인 김충선 장군의 녹동서원과 김굉필 선생의 도동서원도 알게 됐다. 일연스님이 30여 년을 비슬산 유가사에 머물렀던 사실도 알게 됐다. 100여 년 전, 부해리(본명: H. M. Bruen) 미국 선교사가 현풍에 와서 교회를 짓고 현풍초등학교를 설립했다는 사실도 알았다.

오랜 세월 숨겨져 있었던 달성군이 이제야 세상에 드러나게 됐다. 달성군의 100년 역사 속에 묻힌 부해리 선교사의 눈물 어린 기도가 상상된다. 통일을 이루고자 피나는 전쟁을 치렀던 삼국의 애환을 간직하였을 일연스님의 모습도 상상된다. 조선시대 당파 싸움과 치열한 권력 투쟁 속에서 김굉필 선생이 겪었던 고통과 쓰라림도 떠오른다. 달성군은 우리 역사의 숨결을 이렇듯 모두 담고 있다. 참으로 진귀한 콘텐츠 중의 콘텐츠가 이곳에 있다.

내게는 달성군이 보석처럼 보인다. 다만 그 보석이 몇 군데만 살짝 보이고 있을 뿐이다. 이제 달성군의 보석들이 빛을 드러내도록 할 일이 많다. 세계적인 과학 창조 도시를 만들기 위해서 모두가 한 걸음 한 걸음씩 DGIST와 같이 나아가야 하겠다.

달성군이 융복합 과학 기술과 신산업, 고품격 문화와 레포츠 관광 가치가 융합된 과학 창조 도시로 거듭나길 기원한다. 그리하여 알프스산맥에 형성된 프랑스 그레노블, 스위스 인터라켄이나 제네바와 같은 세계적인 명소가 되기를 소망한다.

미래 브레인 예산을 확보하라

DGIST가 교육 기능을 갖도록 하는 법률안 개정안이 2008년 6월 13일 공포됐다. 원래 계획했던 석·박사 과정 운영에 학부 과정이 추가됨으로써 기반 시설 건설의 규모는 더 확대됐다. 당연히 투자 규모가 조 단위로 커진 대규 사업이 됐고, 마스터플랜에 제시됐던 안을 대폭 수정하게 됐다. 내가 연구 책임자로 하여 구성된 연구팀은 '대구경북과학기술원 학위 과정 계획' 제하의 최종 보고서를 만들어 2009년 2월, DGIST에 제출했다.

DGIST가 학위 과정 계획을 정부(교육과학기술부)에 제출하자, 캠퍼스 건설과 교육 준비를 위한 2010년도 예산이 배정됐다. 교육 기능 설치를 위한 행정 절차도 속속 진행됐다. DGIST 이사회는 2011년 2월, KAIST 물리학과 신성철 교수를 초대 총장으로 선임하고 3월, 총장 취임식을 가졌다. 2003년 12월에 탄생한 DGIST가 8년 2개월 만에 '연구 기관'에서 '대학교'로 변신한 것이다.

총장에 취임한 신성철 교수는 나에게 DGIST에 와서 교수로 일하기를 제안했다. 신성철 교수와는 한 번 만나 DGIST 마스터 플랜에 관하여 대략적인 설명을 한 적은 있지만 같이 일을 했거나 잘 아는 사이는 아니었다. 그럼에도 불구하고 나를 신뢰하고 불러 준 데 대해 고마운 생각이 들었다. 학위 과정 계획안에 '혁신경영학부' 설치안이 포함돼 있었는데, 내가 이 부서에서 일하라는 것으로 이해했으나, 나중에 보니 '기획처장' 보직을 맡기고 기관 살림을 시키려는 복안이었다.

2011년 5월 11일, 나는 STEPI를 사직하고 DGIST로 직장을 옮겼다. STEPI에서 17년 8개월의 긴 기간을 근무했는데, 어느 날 갑자기 교육 기관으로 경황없이 이동하게 됐다. 오랫동안 정든 직장을 옮기는 것이 쉽지 않은 일인데, 이미 나에게는 인생 여정의 '혁신'이라는 유전인자가 가슴 속에 깊이 밝혀 있는 것 같았다. 아마도 DGIST 연구를 하면서 쏟았던 열정이 애정으로 변환된 것이었을 것이다.

DGIST 교수로 부임한 나는 대학원 학생들에게 필수 과목인 '기술혁신경영' 한 과목을 주 3시간 강의하면서 나머지 시간은 기획처장 보직을 수행하는 데 모두 쏟았다. 당시 기획처는 기획, 예산, 대내외 협력 및 홍보, 도서관 운영, 연구 관리 등 방대한 업무를 수행해야 했다. 전문 인력은 부족하고 일은 많아서 직원들이 휴가 없이 주말도 일해야 했다. 캠퍼스는 암반을 발파하는 굉음이 빈번하게 일어났고, 공사 차량이 하루에도 수백 대가 오가는, 그야말로 전쟁터 같았다. 그 와중에 불평 없이 묵묵하게 업무를 수행했던 직원들의 모습이 아런하게 떠오른다.

기획처 업무 중에서 가장 중요한 것은 중앙정부로부터 예산을 확보하는 일이었다. DGIST 예산안은 소속 부처인 교육과학기술부로 올라가 통과하면 기획예산처의 심의를 받은 후, 국회로 보내져서 교육과학기술위원회와 예산결산위원회 및 계수조정소위원회의 심의를 받는다. 그런 후 국회 본회의에서 의결하면 확정된다. 각 기관 내에서의 예산안 심의는 담당 실무자→과장→국장→실·차관→장관 순으로 결재를 통과해야 하므로 예산이 최종적으로 결정될 때까지 방대한 행정 업무 지원과 설명·설득이 필요했다.

신성철 총장은 DGIST의 연구 역량 축적과 대외 이미지 구축을 위해 여러 가지 사업을 제시했고, 그중에서도 '미래 브레인'이라는 연구 사업을 가장 중요시했다. 이 사업에 매년 100억 원씩 5년 동안 총 500억 원을 투입하는 것으로 계획했다. 당연히 기획처 역량을 총동원하여 이 예산을 확보하는 것이 필요했다. 나와 기획팀 직원들이 사력을 다해 노력했지만, 기획예산처는 첫해인 2012년에 겨우 5억 원을 배정했다. 아무리 실무 담당자나 국·과장에게 설명해도 들어 주질 않았다.

하는 수 없이 국회에서 증액하기로 하고 입체적인 추진을 위해 대구 지역 국회의원들을 만나 부탁하기 시작했다. 의원들의 반응은 가지가지였다. 국회 의원회관이나 본청 복도를 지나가는 의원에게 팔소매를 붙잡고 읍소했다.

"DGIST 연구비 좀 확보해 주십시오. 의욕적으로 일하고자 하는 총장님을 도와주십시오."

"얼마 정도를 원하는가요?"

"내년도에 30억 원을 확보해 주시면 감사하겠습니다."

"예끼, 이 사람. 정부 예산이 어디 푼돈일 줄 아나!"

이런 유형의 대화가 오갔다. 심지어 어느 의원은 대구광역시 산하 기관 예산을 삭감해 오면 그만큼 돌려주겠다고 했다. 이 말은 '도와 주겠다'가 아니라 '못 도와주겠다'였다. 왜냐하면 모든 공공 기관이 사활을 걸고 예산 확보를 위해 뛰고 있는 마당에 "그 예산 일부를 좀 우리에게 넘겨주세요."라는 말은 할 수 없었기 때문이다.

오후 8시쯤 되면 국회는 을씨년스러워진다. 직원들이 모두 퇴근하고 몇몇 회의장이나 야근하는 사무실을 제외하곤 불이 꺼지고, 적막 감이 감돌았다. 어떻게 해서라도 예산을 확보해야 하는 나와 우리 직원은 도움이 될 만한 의원들에 관한 정보를 입수하기 위해 여기저기를 기웃거렸다. 그러던 중에 대구시 정풍영 예산담당관을 만나 물었더니 "저녁 10시쯤 본청 회의실에서 계수조정소위원회가 열리니 한번 시도해 보세요."라고 정보를 줬다.

나는 본청 회의실 입구 복도에서 의원들이 나타나기를 하염없이 기다렸다. 얼마나 됐을까. 다시 회의실을 들여다보니 어느 출입문으로 들어갔는지 이미 회의실로 모두 들어가 회의를 하고 있었다. 한참 동안 복도를 배회하다가 이러다간 기회를 놓치겠다 싶어 용기를 내서 무작정 회의실로 들어갔다. 가장 먼저 내게 보이는 분이 대구 중·남구 배영식 의원이었다. 그는 기획 단계서부터 DGIST에 관심을 많이 쏟았던 분이었다. 나는 배 의원의 소매를 잡고 긴급히 할 말이 있다는 얼굴 표정을 보냈다. 다행히 그가 나를 따라 나왔다.

"배 의원님, DGIST가 새누리당 박근혜 대표님 지역구에 있습니다. 대표님 체면을 봐서라도 DGIST 미래 브레인 예산을 좀 올려 주세요."

예산 확보를 위해서는 누구나 지연 학연 혈연 등 모든 수단을 다 동원한다고 들어 왔다. 나도 예외는 아니었다. 지역구 의원이었던 박근혜 대표 이름도 팔았다. 그는 "노력해 보겠습니다."라고 말하고 다시 들어갔다. 나는 조용히 않아 여느 때처럼 기도했다.

"하나님, 도와주세요."

그런데 자정이 넘을 때쯤, 배 의원이 내게 전화를 했다.

"이 처장, 미래 브레인 30억으로 증액했습니다."

날아갈 것처럼 기뻤고, 가슴이 뛸 정도로 벅찼다. '이젠 집에 들어가도 되겠구나!' 하고 차에 올랐다. 그날 오랜만에 깊은 잠에 빠져들었다. 새벽 5시쯤 됐을까. 배 의원이 또 내게 전화를 했다.

"이 처장, 50억으로 증액했어요."

나는 비몽사몽간에 "감사합니다. 감사합니다."를 연발하고 또다시 잠에 빠져들었다. 국회 계수조정소위원회는 밤새 예산안 조정을 하면서 씨름했던 것이다. 그 후 또 한 번 내게 전화를 했는데, 깊은 잠에 빠져 받지 못했다. 아침에 사무실로 출근하니 기획처 직원이 "처장님, 기획예산처로부터 전화가 왔는데, 미래브레인 예산을 88억으로 증액했답니다."라고 내게 말했다.

밤사이에 미래 브레인 예산이 83억 원 증가한 것이다. 놀라운 일이었다. 이게 사람이 할 수 있는 일인가! 도저히 인간의 힘으로는 할 수 없는 일이었다. 나는 하나님께서 응답하셨다고 생각하면서도 배영식 의원에게 진심으로 감사하고 있다. 하나님께서 그를 '사용하셨다'라고 믿는다.

어렵게 만든 MOI 프로그램

　DGIST에서 근무하는 동안 내가 가장 열정을 쏟았던 일 중 하나를 꼽아 보라면 MOI(혁신경영) 프로그램을 만들어 운영한 것을 든다. 최근에는 후임 이동하 교수가 '기술벤처' 프로그램으로 이름을 변경해서 이어 오고 있는 이 프로그램은 내가 정열을 쏟은 만큼 오랫동안 기억되고 있다. DGIST의 원래 계획에서는 석·박사 학위 인력을 양성하는 전공에 혁신경영이 포함돼 있었으나, 초대 총장께서 혁신경영은 논문이 많이 안 나오는 분야이므로 DGIST가 안정 궤도에 안착한 후에 시작하자는 주장을 펴서 보류됐다.

　오랫동안 혁신 경영과 정책을 연구해 온 나로서는 애석했다. 학위 과정 계획에 제시된 '혁신경영' 전공을 없애고 '신물질' 전공으로 대체할 때는 가슴이 아팠다. 더구나 이미 완성돼 있었던 혁신경영 전공 건물 설계도를 신물질 전공이 사용하도록 변경할 때는 형용하기 어려운 씁쓸함을 느꼈다. 지역 균형 발전이라는 대의명분으로 설립된

DGIST가 혁신경영 전공을 개설하지 않았던 것은 두고두고 아쉬운 결정이었다.

　DGIST는 설립 기획 단계에서부터 '지역 발전'이라는 키워드를 갖고 어떻게 이것을 달성할 수 있느냐가 핵심 이슈였다. 많은 전문가들이 생각을 모아 '과학 기술 연구와 교육'이라는 수단으로 지역 발전을 이룩하기 위해서는 혁신경영 분야 인력 양성과 연구가 중요하다고 판단하였다. 과학 기술자들은 연구와 교육에 전념하고 혁신경영 전문가들이 지역 발전을 위한 정책 대안을 연구하고, 지역 기업들이 기술 혁신을 통하여 경쟁력을 확보하고 성장하도록 돕자는 생각이었다.

　많은 전문가들이 '과학 기술 연구'를 통한 경제 성장을 기대하지만, 정작 일부 과학 기술자들은 이에 동조하지 않는다. 특히 영향력 있는 국제 저널에 논문을 기고하여 과학 기술 학문 발전에 기여하는 것이 '가장 높은 가치'라고 생각하는 엘리트 과학자들이 더 강한 거부감을 갖는다. 과학 기술자들의 이런 생각은 DGIST에서도 작동됐다. 아마도 "과학 기술 자체의 발전이 중요하지 무슨 경제 발전의 수단으로 과학 기술을 발전시킨다는 것이냐! 필요한 기업이나 사람이 혁신된 과학 기술을 사용하면 된다."라는 생각을 하는 것 같았다.

　과학 기술 자체를 먼저 발전시키고 혁신하는 활동은 매우 중요하고 또 선행돼야 한다. 그러나 과학 기술 연구자들이 연구도 하고, 상업화도 하고, 정책 연구도 하는 2중, 3중 역할을 수행하기보다는 과학 기술과 경제 사회 사이에 혁신경영 전문가들이 매개 역할을 해 준다면 과학 기술 연구의 효율도 높아지고, 지역과 국가의 경제 사회

발전도 가속될 것이라는 믿음에는 여전히 변함이 없다.

나는 DGIST의 꼬인 상황을 극복하기 위해 대학원에 학위 과정이 아닌 조그만 프로그램을 만들고 벤처기업인들을 양성하는 사업을 추진하였다. 과학 기술 혁신을 경영하거나 벤처기업인을 양성하고 육성하는 것은 과학 기술이 가장 빠르고 직접적으로 지역 경제 발전에 기여할 수 있는 길이라고 믿었기 때문이다. 기술 기반 벤처기업을 창업하고 운영한다는 것은 곧 혁신(innovation)을 경영하는 것과 같다. 'MOI(Management of Innovation) 프로그램'의 설치 목적을 벤처 기업인 양성에 둔 이유였다.

그런데 비학위 MOI 프로그램의 개설조차도 내부 반대로 순탄치 않았다. 창업 프로그램은 학교의 격을 낮춘다는 이유로 일부 보직자들은 정부로부터 어렵게 따낸 억대 규모의 창업보육센터 사업도 무산시켰다. MOI 프로그램 예산 확보를 위해 뛰고 있었던 내가 관련 정부 공무원들을 만날 때마다 내부에서 반대 움직임이 있다는 것을 감지했다. 기획처장이 예산 당국과 협의할 때 내부 직원이 다른 루트로 다른 목소리를 내고 있었다.

나는 끝까지 포기하지 않고 예산을 심의하는 분들에게 설명했고, 2013년 12월, 마침내 국회에서 MOI 프로그램에 예산을 배정받았다. 같은 조직에서 두 목소리를 내고 있었는데, 예산은 내 희망대로 결정된 것이다. 이렇게 해서 2014년 1월 대학원에 MOI 프로그램을 극적으로 개설해서 기술벤처 기업인 20명을 선발하고, 3월 3일 입학식을 가졌다. 이번에도 하나님은 내 편이 되어 나의 등 뒤에서 도움을 주셨다.

기술에 기반을 둔 벤처기업인 육성은 국민 경제나 지역 경제 발전을 위해서 매우 중요하다. MOI 프로그램 초빙 석좌 교수였던 故 이민화 교수는 우리나라 벤처기업의 기여도를 분석한 결과, 벤처기업이 20년 동안 350조 원의 부가 가치를 창조하였고, 천억 벤처기업이 460개, 1조 벤처기업이 8개가 탄생함으로써 국민 경제의 역동성을 증가시켰다고 발표하였다. 또 우리나라가 보유하고 있는 세계 1위 제품 130여 개 중 벤처기업이 63개를 창조할 정도로 혁신 역량이 탁월하고 성장과 고용 효과가 크며 우리 경제의 고질병인 '양극화 해소'에도 기여할 수 있다고 주장하였다.

MOI 프로그램 1기 학생들은 1년의 교육을 무사히 받고 2014년 3월 졸업하였다. 그들은 졸업 후 모두 사회에서 눈부신 활약을 하고 있다. 몇 명의 사례를 든다면 스페이스에듀 오종헌 대표는 스마트폰 앱을 이용하여 수험생들의 맞춤형 학습을 지원하는 문제은행 솔루션이나 학습 콘텐츠 관리 솔루션을 개발하고 창업하였다. 그는 사업을 시작한 지 5년 만에 8명을 고용하였다. 벤처창업가 1명이 5년 만에 8명의 청년 일자리를 창조한 것이다.

성서공단에 둥지를 튼 '메카솔루션' 정동화 대표는 디지털 콘텐츠와 온오프라인 기술 지원을 통해 전자 부품 시장에 뛰어들어 디지털 유통업으로 2013년 창업하였다. 그는 미국의 유명 대학에서 박사 학위를 받고, 연구원이나 교수로의 취업을 마다하고 창업을 선택하여 불과 4년 만에 27명의 청년 일자리를 창조하였다. 지금은 매출 1조원 달성이라는 원대한 꿈을 향해 뛰고 있다.

구미에 사무실을 두고 있는 '나인랩스' 박성호 대표는 2015년 3D 프린터 개발과 생산에 특화하여 창업하였다. 고속 3D 프린터, 카본 3D 프린터 등 다양한 3D 프린터를 연속적으로 개발하여 출시하였는데, 창업 3년 만에 5명을 고용할 정도로 성장하였다. 그는 경북경제진흥원, 경북경영자총협회, 중소기업청 등으로부터 모두 6억 3천만 원의 투자를 유치하기도 했다. '나인랩스'는 앞으로 3D 프린트 분야에서 중국 기업들도 따라올 수 없는 가격 경쟁력을 갖춘 세계적 기업이 되기 위해 도전하고 있다.

이들 청년 벤처기업 대표들은 모두 MOI 프로그램에서 1년간의 경영자 훈련을 받은 사람들이다. 작은 성공에 안주하지 않고 끊임없이 공부하고 연마하는 자세를 갖고 도전하고 있다는 점이 이들의 공통적인 특징이다. 이들로부터 우리나라 산업이 끊임없는 혁신을 통해서 4차 산업혁명의 파고를 극복할 것이라는 희망을 보고 있다.

2016년 MOI 프로그램 봄 워크숍을 마치고

캠퍼스 복음화의 길을 찾다

영국 서섹스대학교 미팅 하우스에서의 기도와 경건의 시간이 아름다운 기억으로 남아 있다. 우리나라 대학교도 그런 공간을 마련하고, 학생들이 마음껏 사색하고 쉬고 기도할 수 있기를 소망해 왔다. 공간도 필요하지만 캠퍼스에 기독인 공동체가 있어야 서로 위로를 주고받으면서 예수님께서 보여 주셨던 사랑의 실천이 가능하고, 연구 능력도 향상할 수 있을 것이라고 믿었다. 내가 DGIST 마스터 플랜을 작성할 때부터 당연히 이런 생각이 머릿속에 맴돌았다.

그러나 우리나라에서는 공공 기관에서 특정 종교 시설을 만들거나 전파하는 활동 자체가 받아들여지지 않는다. DGIST는 정부 예산으로 운영되는 공공 기관이므로 캠퍼스 안에 교회를 짓거나 미팅 하우스처럼 공간을 마련하여 학생들이 종교 활동을 지원하는 데 공감하지 않았다. 무슬림 학생들이 기도실을 만들어 달라고 요청한 이후부터는 조그만 기도실을 만들어 주거나 종교 동아리에 대한 약간의 재정 지원이 고작이었다. 영국처럼 국가 종교를 지정하지 않았으므로 종교 활동에 대한 공공 기관의 지원은 매우 소극적이다.

나는 DGIST에 교회 건물과 같은 전용 공간이 없더라도 기독인 공동체를 만들어 학생들의 신앙 활동을 지원하는 여러 방안을 시도하기로 했다. 가장 먼저 시도했던 것은 캠퍼스에서 복음을 전할 목사를 초빙하는 일이었다. 재정 지원 능력이 있는 큰 교회는 선교사를 해외에 파송하는 것처럼 전담 목사를 우리 학교에 파견할 수 있지 않을까 하여 여러 교회에 타진을 했다.

얼마 후, 몇몇 교회에서 연락이 왔다. 인천의 어느 교회는 담임 목사와 함께 장로 몇 사람이 먼 길을 달려와서 면담을 했다. 내가 취지를 대략적으로 설명하고 대화를 시작하자, 그들은 먼저 목사 사례에 관하여 조심스럽게 물었다.

"파견하는 목사에게 얼마 정도의 사례를 할 수 있나요?"

나는 이 질문에 당황했다. 혹시 교회로부터 지원을 받을 수 있을까 하여 수소문했고 이렇게 만나게 됐는데, 거꾸로 재정 지원에 관한 질문을 받은 것이다. 하는 수 없이 사실을 말했다.

"공공 기관이라서 종교 활동에 대한 지원은 한 푼도 할 수 없는 상황입니다."

대답을 한 후에는 그들이 당황하는 것 같았다. 한동안 침묵이 흐른 후 몇 가지 이야기를 나누다가 헤어졌다. 그 뒤로는 더 이상 소식이 없었다. 나도 큰 교회 내부 상황을 몰랐고, 그들도 공공 기관의 내부 사정을 모르는 것 같았다. 연락이 온 몇몇 다른 교회도 주요 이슈는 학교의 재정적 지원 여부를 확인하는 것이었다.

결국 DGIST 내부의 기독인들이 스스로 역량을 키워 학생들의 종교 활동을 지원하는 수밖에 없었다. 일부 기독인 교수들이 학생들을 대상으로 성경 공부를 인도하거나 동아리와 유사한 모임을 갖기 시작했다. 교수 한 사람을 중심으로 연결된 네트워크 형태의 기독 학생 공동체였다. 어느 교수는 캠퍼스 밖에 있는 교회에 영어 예배를 개설하고 예배를 드리는 방식도 시도했다. 연구 중심 대학의 특성을 반영하듯 연구실 중심의 소규모 신앙 활동이 이뤄지기 시작했다.

나는 믿는 교직원들과 신우회를 만들어 아침 예배를 주 1회 드리는 것으로부터 시작했다. 참여 직원의 숫자가 몇 명 되지 않은 것이 아쉬웠다. 교직원들 중 교회에 다니는 분이 많으리라 생각했는데, 아침 예배에 참여하는 직원은 겨우 몇 명에 불과했다. 예수님을 믿는 직원의 숫자가 적어서가 아니라 굳이 직장에서 종교적 색채를 드러내기 싫어서였을 것이다. 교회에서의 신앙 활동은 적극적이지만 직장으로 가면 소극적으로 변하는 것으로 느껴졌다. 아마도 직장 분위기와 신앙생활을 일치시키기가 어려웠기 때문일 것이다.

연구 기관에 재직할 때였다. 바로 옆방에서 근무하던 동료 연구원이 항상 말이 없고 조용한 분이었다. 점심도 도시락을 싸 와서 먹을 정도로 동료들과의 친교에 관심을 두지 않았다. 내가 신우회를 만들고 예배를 드리고 있음을 알았을 법도 한데, 미동도 하지 않았다. 나중에 그분이 교회 장로라는 것을 알았을 때 나는 상당한 충격을 받았다. 그리스도인이 직장에서 자기를 나타내지 않는다는 것은 치열한 영적 전투의 현장에서 숨어 버리는 것과 같다. 하나님은 사랑이 많으시므로 오래 참으시겠지만 그런 분이 어떻게 예수님의 제자라고 감히 말할 수 있겠는가!

캠퍼스 복음화를 이끌어 갈 교회가 탄생하기를 기다리던 중 대학원 신물질 전공에 근무하고 있었던 홍재성 교수의 부인 김영미 목사가 DGIST에서 목회 활동을 시작한다는 소식이 들려왔다. 그는 신학대학을 졸업하고 목사 안수를 받은 분이었다. 홍재성 교수 부부는 대학 시절부터 기독학생 활동을 해 왔고, 캠퍼스 복음화를 꿈꿔 왔다고 했다. 처음에는 홍재성 교수 강의실에서 예배를 시작했으나, 캠

캠퍼스 근처에 위치한 테크노폴리스교회와 예배안내 광고

퍼스 내에서 예배 활동의 한계를 느끼고 밖에 있는 건물 공간을 임차하여 '테크노폴리스교회'라는 이름을 붙이고 학생들의 신앙 활동을 도왔다. DGIST 학생들이 이곳에서 예배를 드리면서 영적으로 성장하고 있다는 소식을 듣고 안도감이 들었다.

2023년 한국의 대학은 과거와 많이 달라져 있다. 연 20만 명이 넘는 외국인들이 우리나라 대학으로 유학을 오고 있고, 곧 30만 명 외국인 유학생 시대가 올 것이라고 한다. 여기에다 250만 명이 넘는 외국인 이주민들이 우리나라에 와 있다. 굳이 외국에 나가 선교를 하지 않아도 국내에서 선교를 할 수 있는 여건이 마련돼 있다. 외국인 유학생들이 한국에 와서 예수님을 영접한다면 나중에 자기 나라로 귀국해서 현지 복음화에 미치는 영향력이 클 것이다. 뜻 있는 그리스도인들이 캠퍼스 복음화와 이주민 선교에 관심을 갖고 기도하고 행동에 나서야 하겠다.

예수님께서 걸으셨던 갈릴리바다

여행은 누구에게나 감동과 신선함을 준다. 예수님을 믿는 기독교인들에게는 성지 순례가 일생 동안 바라고 또 바라는 여행 중의 여행이다. 그만큼 성지 순례를 통해서 예수님의 흔적을 발견하고 느끼면서 흥분하고 감동을 받기 때문이다. 성지 순례 과정에서는 근처 유적지를 방문하고 고대 역사를 탐구하는 재미를 덤으로 얻게 된다.

2011년, 나와 아내가 모두 시간을 낼 수 있어 교회에서 그룹으로 가는 성지 순례에 동참했다. 우리 부부가 60대를 맞이하면서 주어진 성지 순례 기회는 하나님께서 주신 특별한 선물이라고 생각했다. 곽현우 목사를 인솔자로 한 창동교회 성지 순례팀은 이집트, 이스라엘, 요르단, 튀르키예 등 4개국의 성지를 순례하기로 하고 몇 달 전부터 매주 시간을 정해 놓고 구약성서를 공부하면서 준비했다.

1월 13일, 인천공항을 떠나 이스탄불을 경유하여 튀르키예 중부 지역에 있는 까이세리 공항에 도착했다. 공항에서 버스 편으로 갑바

도기아로 이동하여 초기 기독교인들의 은신처였던 괴뢰메 동굴교회와 지하 도시 데린구유를 순례하고, 사도바울의 전도 여행지를 따라 꼰야로 이동, 호텔에 여장을 푼 후 튀르키예에서의 첫 밤을 보냈다.

튀르키예는 사도바울의 선교 이야기로 가득 차 있어 성지 순례단이 빠지지 않고 들르는 나라다. 호텔에서 첫날 밤을 보낸 후 우리는 바울의 2차 전도 여행지였던 비시디아 안디옥을 순례했다. 지금은 돌무더기만 여기저기 흩어져 있는 폐허가 됐지만, 바울이 예수님을 전파했다는 이유로 유대인들로부터 돌팔매질을 당할 뻔했던 곳이다. 이어서 뜨겁지도 차갑지도 않은 미지근한 믿음으로 책망을 받았던 라오디게아교회를 순례하고 근처에 있는 온천 휴양지 파묵깔레로 이동하여 히에라폴리스와 야외 온천장을 관광했다.

튀르키예에는 요한계시록에서 요한이 편지를 보냈던 곳으로 기록되는 일곱 교회가 있다. 우리는 일곱 교회 중의 하나인 라오디게아교회를 먼저 순례한 데 이어 구리세공과 자주색 옷감 염색 기술이 발달했던 곳에 있는 두아디라교회를 방문했다. 이 교회는 자색 옷감 장사를 하면서 바울의 복음을 듣고 회심했던 여성 '루디아'가 섬긴 곳이다. 이어 요한으로부터 칭찬을 받았다는 빌라델비아교회를 방문했고 에베소로 이동, 두란노서원, 원형 극장, 에베소교회 등의 유적지를 순례했다. 그 후 에베소에서 가까운 이즈미르시로 이동, 사도요한 무덤교회와 서머나 폴리갑교회를 순례했다.

튀르키예 성지 순례를 마치고 항공편으로 이스탄불을 떠나 카이로공항을 경유하여 룩소르로 이동했다. 룩소르는 경주나 부여와 같이 고대 이집트의 역사 유적지가 많아 관광지로 유명하다. 룩소르에 도착하여 호텔에 여장을 풀고 하룻밤을 쉰 후 다음 날, 나일강 서편에 있는 왕가의 계곡과 멤논의 거상을 보고 동편으로 이동하여 카르낙 신전과 룩소르 신전을 구경했다.

룩소르 관광을 마친 후 국내선 비행기를 타고 카이로로 이동하여 피라미드, 스핑크스, 아기 예수 피난교회, 모세 기념교회를 순례했다. 그리고 이스라엘 백성의 출애굽 여정을 따라 수에즈 운하, 에돔 광야, 마라의 샘, 신 광야, 르비딤 골짜기를 거쳐 시내산 중턱에 도착했다. 이튿날 새벽 2시에 걸어서 시내산 정상에 올라 5시경 일출을 본 후 산상 예배를 드리고 하산했다.

시내산 순례를 마친 후에는 시내 광야를 거쳐 이집트와 이스라엘 간 타바 국경을 통과하였고, 다시 이스라엘과 요르단 사이의 아라바 국경을 통과, 요르단에 있는 페트라 협곡에 도착했다. 페트라에서는 시크길, 알카즈네, 원형 극장 등의 유적을 관람하고 왕의 대로를 달려 모세의 샘이라고 불리는 '와디무사'를 방문했다. 아르논 골짜기를 지나 세례요한의 순교지라고 하는 마케루스의 요새를 순례한 후, 요르단의 수도 암만으로 이동했다.

요르단 수도인 암만에서는 요단강 동편에 있는 나사로가 살았던 베다니, 선지자 엘리야가 승천한 기념 장소, 모세가 최후를 맞이한 느보산에 올라 모세기념교회를 방문했다. 이 교회에는 이스라엘 백성이 광야에서 불 뱀에게 물려 죽어 가고 있을 때 모세가 놋으로 만들어 세운 뱀을 백성들로 하여금 쳐다보게 하여 죽음에서 구했다(민

수기 21장 9절)고 하는 그 놋 뱀이 전시돼 있다.

요르단에 있는 성지를 순례하고 알렌비 국경을 통과하여 이스라엘에 입국했다. 사해 옆 호텔에서 1박 한 후 케이블카를 타고 마사다 요새에 올랐다. 마사다 요새는 서기 66년 예루살렘에서 도망쳐 온 유태인 열심당원의 피난처이다. 로마가 73년 이곳을 점령하기 위해 제10군단을 파병, 공격하자 900명 이상의 열심당원들이 항복하지 않고 집단 자살을 택했던 곳이다. 요새를 내려와 여리고로 이동하여 삭개오가 올랐다는 뽕나무와 엘리사가 나뭇가지를 던져 잃어버렸던 도끼를 걷어 올렸다(열왕기하 6장 6절)는 샘에 들렀다.

1월 18일, 요단강 계곡을 따라 성지 순례의 하이라이트라 할 수 있는 갈릴리바다로 이동했다. 바다 주위에는 나지막한 언덕이 둘러 있고, 그 위에 남쪽을 향해서 여러 마을들이 형성돼 있다. 도로를 따라 이동하면서 봤던 바다 주변은 참으로 아름답고 평화로운 모습이었다. 이곳에서 거니셨던 예수님의 모습이 머릿속에 아른거리고 감격이 솟아올랐다.

"예수님께서 이 바다와 언덕 위를 걸으셨구나!"

예수님께서 떡 5개와 물고기 2마리로 오천 명을 먹이신 기적(마가복음 6장 38~44절)을 기념하기 위해 설립된 오병이어교회와 예수가 십자가에 못 박혀 돌아가신 후 부활하여 베드로에게 나타나 그의 고백을 듣고 지상 사명을 맡겼다는 곳에 세워진(요한복음 21장 16절) 베드로수위권교회를 순례했다. 그리고 예수님께서 주로 활동하셨고 베드

언덕에서 내려다 본 갈릴리 바다

로와 안드레의 집이 있었던 가버나움으로 이동하여 예수님께서 주셨던 산상수훈을 기념하기 위해 팔복의 상징을 담아 1937년 팔각형으로 건축한 팔복교회를 방문했다.

갈릴리바다 바로 옆에 있는 방갈로 호텔에서 하룻밤을 지내고 다음 날, 배를 타고 바다로 나가 선상 예배를 드렸다. 예수님께서 바다 위를 걸어 제자들에게 나타났던 것과 베드로가 바다 위를 걷다 빠지기 시작하자 예수님께서 붙잡아 주셨던 모습이 상상됐다. 이어서 갈릴리 북부지역에 있는 가이샤라 빌립보를 방문하고 가나로 이동하여 물을 포도주로 변하게 하는 기적을 행하셨던 곳을 기념하기 위해 세워진 혼인잔치 기념교회를 순례했다.

갈릴리바다 주변 성지 순례는 성경을 읽고 스토리를 기억하는 사람에게 깊은 감동을 준다. 예수님을 사랑하는 만큼 감격을 주는 것 같았다. 많은 곳을 쉴 사이 없이 순례한 탓에 기억이 분산되는 느낌을 가진 것은 아쉬운 점이었다. 또 한 번 성지 순례를 한다면 갈릴리바다 주변에 오래 머물면서 예수님의 흔적과 숨결을 조금이라도 더 느끼고 싶다.

이스라엘에서의 마지막 날을 보내고 항공편으로 텔아비브 공항을 떠나 첫날 도착했던 이스탄불로 이동했다. 이스탄불 시내 호텔에서 1박 하고 성소피아교회, 블루모스크, 지하 물 저장고, 히포드럼 광장, 톱카프 박물관을 관광했다. 유람선을 타고 브스포러스 해협을 유람한 후 그랜드 바자르를 구경하고 공항으로 이동하여 심야 귀국행 비행기에 올라 9박 10일 동안의 성지 순례 여정을 마쳤다.

제4장

가을

강인한 가을의 꽃 구절초

　가을 분위기가 익어 갈 때 피는 구절초 꽃은 우리를 매료시킨다. 국화과에 속하고 매년 9월에 피기 시작하는 구절초 꽃은 감탄할 정도로 아름답다. 장미꽃이 화려하다면 구절초 꽃은 하얀 바지저고리를 입은 우리 선조들 모습처럼 수수하면서 아름답다. 꽃 모양은 코스모스 꽃과 비슷하지만, 꽃이 피기 전에 연분홍빛을 띠다가 서서히 하얀색으로 변하고, 쑥 향기와 같은 강한 향을 내뿜는 특성을 갖는다. '구절초'라는 이름은 줄기에 아홉 개의 마디가 있어 붙여졌다고 한다.

　구절초는 키워 보면 아주아주 강인한 식물이라는 것을 알게 된다. 영하의 혹독한 겨울 추위도 이겨 내고 살아남는다. 우리가 흔히 보는 쑥은 겨울에 잎이 사라지고 뿌리는 땅속에서 겨울잠을 자지만, 구절초는 겨울에도 잎이 사라지지 않는다. 그리고 봄여름 동안 억세게 옆으로 그리고 위로 뻗어 나가면서 번식한다. 게다가 수많은 씨를 주변에 퍼트려 봄이 오면 그 자손이 새싹으로 올라온다.

히람하우스 앞 정원에 핀 구절초 꽃모습

그렇게 강인해서 그런지 구절초는 한약재로 이용되고, 꽃은 차를 달여 먹는 데 사용된다. 구절초 잎을 따서 씹어 보면 맛이 조금 쓰고 성질은 따듯하여 여성의 생리통이나 불임증 등에 약효가 있다고 한다. 그리고 구절초 차는 소화 불량 치료에 효과적이라고 한다. 음력 9월 9일에 채집하면 약효가 가장 뛰어난 것으로 전해지고 있다.

매년 가을 양주 나리농원에서는 '천만 송이 천일홍 축제'가 개최되는데, 농원의 사 분의 일 정도는 구절초 꽃밭으로 채워진다. 나리농원에 있는 구절초 꽃밭을 보고 관심을 갖게 된 후 씨앗을 한 봉지 사서 집 앞 정원에 뿌려 심어 봤다. 2개월 후 조그만 씨앗이 셀 수 없이 많은 싹으로 올라와서 보니 수천수만 개는 되는 것 같았다. 어린싹을 솎아 내서 여기저기 심어 놨는데, 가을이면 우리 집이 온통 구절초 꽃밭이 돼 버렸다.

가을 분위기가 물씬 풍길 무렵, 나는 삶을 돌아보면서 구절초 꽃에 비유한 적이 있다. 내 삶도 어쩌면 가을에 피는 구절초와 같지 않을까? 혹독한 겨울을 이겨 내고 봄이 오자 영적인 잠에서 깨어나 기지개를 펴고 하나님을 알아봤던 것은 바로 나였다. 긴 여름에는 영적으로 성장하면서 세상에서 받았던 수많은 상처들을 치유하고, 하나님께서 내게 주신 사명을 감당하면서 수시로 다가온 위기들을 극복해냈다.

낙엽이 지는 가을은 구절초 꽃과 같이 우리의 삶도 향기를 내뿜으면서 아름다움을 드러내야 하는 때다. 내가 살아온 모든 것들이 당연하거나 우연하게 온 것이 아니라 하나님의 은혜였다는 것을 고백하면서 말이다. 지나온 계절의 모든 순간순간이 당연한 것 아니라 은혜였다고 말이다.

그런데 아직도 내가 내뿜는 향기는 미약하고, 꽃이라고 말하기에는 부끄러운 모습으로 세상 속에 남아 있다. 예수님은 솔로몬 궁전의 영광이 들에 핀 백합꽃보다도 못하다고 했는데, 나를 보시면 나의 영광이 구절초 꽃보다도 못하다고 하시지 않을까 걱정스럽다. 언제쯤이나 내가 예수님의 인격을 닮아 갈 수 있을까.

예수님 마음으로 돌아가야 한다. 예수님 마음속으로 돌아가면 주님께서는 은혜를 부어 주실 것이다. 그리고 그 은혜로 인해 내가 예수님처럼 닮아 있을 것이다. 그때서야 비로소 나는 예수님의 제자로서 또 하나님의 아들로서 부끄러움 없이 하늘나라에 갈 수 있으리라 믿는다.

하나님께서 주신 히람하우스

어머님께서 아파트에 사는 우리 집에 와 계실 때의 일이었다. 거의 매일 저녁때가 되면 나를 집으로 데려다 달라고 요청하셨다. 어머니는 아파트가 집이 아니라고 생각했던 것 같았다. 어머니 기억 속에는 늘 소나무가 우거진 남원 '목골'에 있는 시골집을 '집'이라고 생각했다. 이미 치매 전조 현상이 와서 현재보다는 과거 시골에 살았을 때의 기억이 지배하고 있었던 것이다.

나는 시골 분위기가 물씬 풍기는 서울 근교에 주택을 짓고 어머니를 모시면 그런 말씀을 안 할 것이라는 생각을 갖고 마음속으로 단독 주택을 짓는 것을 궁리하기 시작했다. 내 자신도 '전원주택살이'가 더 좋을 것이라고 여겼다. 이를 실현하기 위해서는 먼저 땅을 구해야한다는 생각을 했다. 당시 토지 가격이 매년 급등하고 있어 세월이 지날수록 샐러리맨으로서는 토지를 사는 일이 어려울 것이라고 판단했다.

주말마다 땅을 보러 서울 근교 이곳저곳을 다니는 일을 몇 년간 계속했다. 어느 날 양주 고읍 지역을 지나면서 나무, 들과 언덕이 있는 전원적인 풍경에 매료돼서 근처 부동산 소개소에 들렀다. 내가 살 만한 땅이 있는지 문의하니 양주시 만송동에 있는 토지를 소개했다. 나 혼자 사기에는 너무 벅찬 것 같아 교우 한 사람과 같이 분할하여 매입했다.

토지를 매입하고 나서 너무나 기뻤다. 잔금을 치르고 과일 선물 바구니를 하나 사서 토지 매매를 중개한 부동산 소개소에 전달했더니 어리둥절해했다. 그들에게는 당연한 매매였고 흔하게 있는 일일지 모르지만, 성경 말씀을 기억하고 있는 나에게는 특별했다. 하나님께서는 "토지는 다 내 것임이라(레위기 25장 23절)"라고 언급하셨기 때문에 나는 이 땅을 하나님께서 주셨다고 믿었다. 하나님께서 내 기도에 응답하신 것으로 믿었으므로 내 마음속에 기쁨이 솟아올랐다.

하나님께서는 토지를 주셨으나 정작 집을 짓는 일은 쉽게 허락하지 않았다. 1997년 말 외환 보유고 부족으로 경제 위기가 왔고, 구조 조정의 회오리바람 속에서 신당동에 있었던 직장(STEPI)이 신대방동 보라매 타운으로 이동하게 되자 집 짓는 일은 더 멀어졌다. 신대방동에서 10년 이상을 근무한 후 2011년 5월, 대구에 있는 DGIST로 직장을 옮겼으니 집 짓는 일은 은퇴를 한 후에나 생각해 볼 수 있는 먼 훗날의 일이 돼 버렸다.

누구나 그렇듯 내 삶이 내 마음대로 되는 것이 아니었다. 순간순간 나의 절실한 기도와 하나님의 응답이 필요했다. 집을 짓는 일도 당연히 그 안에 포함된다. 여러 번의 직장 이동으로 자주 이사를 하게 됐고 이런 상황에서는 한곳에 정착해야 하는 단독 주택보다는 아파트가 살기에 적합했다. 전원주택을 향한 내 마음에는 수많은 경영이 있었으나, 이것의 실현은 잠언 16장 1절 말씀과 같이 하나님께서 허락해 주셔야만 가능한 것이었다.

"마음의 경영은 사람에게 있어도 말의 응답은 여호와께로부터 나오느니라."

2018년 8월, DGIST를 퇴직하고 꿈꾸어 왔던 집짓기를 시작했다. 집을 지을 것이라는 소문이 돌자 주변의 많은 사람들이 조언했다. 예상과는 달리 조언의 70퍼센트 이상이 집짓기에 대해서 부정적이었다. 대개는 이런 것들이었다.

"집을 관리하는데 그 많은 잡일을 어떻게 감당할 것이냐?"

"단독 주택에 살면 안전하지 않고 위해 요소가 많다."

"집을 지어 주는 사람들은 막장 근로자들인데, 어떻게 대응할 거냐."

"단독 주택은 살다가 팔려고 할 때 팔리지가 않아 고생한다."

"단독 주택에 거주하면 불편하기 짝이 없다. 살아 보고 지어라."

많은 부정적 조언과 만류에도 불구하고 나는 한양대 임지택 교수에게 설계를 부탁했다. 많은 분들이 조언한 바대로 집을 건축하는 일은 지속적인 기도와 인내심을 요구했다. 설계를 마치는 데만 2년이

여름철 히람하우스 입구의 모습

걸렸고, 공사를 시작하고 사용 허가를 받기까지 2년, 합해서 4년이 걸렸다. 4년의 건축 기간 내내 건축 일을 하는 사람들이 마치 나의 인내심을 시험하는 것 같았다.

건설업체는 착수금을 받은 이후에 자재 구입 비용이 없다는 이유로 계약과 달리 수시로 공사비 지급을 요구했다. 우리나라 중소 건설업체에게 '계약서가 의미 없다'는 말이 이해됐다. 공사가 끝나지 않았는데 건설업체는 내게 알리지도 않고 문을 닫았고, 하도급 업체들에게 공사 대금을 지불하지도 않은 채 잠적해 버렸다. 하는 수 없이 아직 건축이 완성되지 않은 집에 들어가서 내가 직접 공사를 마무리했다. 하도급 업체들에게는 적정선의 공사 대금을 지불하는 선에서 타협하는 방식으로 해결하였다. 그분들에게 두고두고 미안한 마음을 간직하고 있다.

2019년 11월 28일, 대천덕 신부님께서 주신 '히람'이라는 이름을 사용하여 '히람하우스(Hiram House)'로 명판을 달고 마침내 새집으로 이사했다. 이사를 하고 난 후 4년이 지난 지금, 내가 그동안 얼마나 주택 건축에 관해 모르고 있었는지 그리고 우리나라 건축업계를 얼마나 모르고 있었는가를 절실하게 느낀다.

그럼에도 불구하고 내가 원하는 집을 갖게 해 주신 하나님께 감사드린다. 땅을 주시고, 설계자, 건설업자, 현장소장, 근로자, 기술자, 하도급업체 등 집을 짓는 데 도움을 줬던 사람들을 만나게 해 주신 하나님께 감사드리고 또 그분들에게도 감사드린다.

주택 건축을 해 본 결과, 주위의 조언들은 일부는 맞고, 일부는 맞지 않았다. 결국 남들이 하지 않는 일에 도전할 때는 누구든지 수많은 어려운 상황을 직면하게 되고 이를 어떻게 극복하느냐에 따라 자신이 소망하는 것들을 얻을 수도 있고, 얻지 못할 수도 있다. 집에 관한 잠언 24장 3절 말씀이 머릿속에 떠오른다.

"집은 지혜로 말미암아 건축되고 명철로 말미암아 견고하게 되며"

어렸을 때 함박눈이 수북하게 내린 겨울, 시골집에서 눈을 쓸던 모습이 생각난다. 내가 살았던 지리산 기슭은 온통 눈으로 덮여 있었다. 설 하루 전날 세차게 불어 닥치는 눈바람을 무릅쓰고 나는 어머니와 함께 집에서 오리나 떨어진 방앗간에 가서 가래떡을 만들어 왔다. 지금은 하늘나라에 계신 어머니께서 그 가래떡으로 떡국을 만들어 주셨던 추억이 아련하게 떠오른다.

우리나라 경제가 가야 할 길

　남북한 전쟁으로 인하여 철저하게 파괴된 우리나라 경제를 하나님께서는 축복하신 덕분에 우리 국민이 경제적 풍요를 누리고 있다. 하나님께서 우리나라 경제를 축복하셨다는 증거 지표는 차고 넘친다. 2022년, 우리나라의 총수출액은 6,836억 달러로 세계 6위 수출국으로 부상했고, 2021년, 우리나라의 국내 총생산액(GDP)은 1조 6,198억 달러로, 세계 10위권에 들어갔다. 같은 해 1인당 국민 소득은 3만 5,232달러로, 일본의 3만 9,827달러를 바짝 뒤쫓고 있다.

　2021년 우리나라 총 연구 개발 투자가 893억 달러로 연구개발 투자액의 절대 규모면에서 세계 5위국으로 부상하였다(1위: 미국, 2위: 중국, 3위: 일본, 4위: 독일). GDP 대비 연구 개발 투자 비중은 2021년 4.93%로, 세계 최고 수준에 도달했다. 연구 개발 투자에서 세계 선두권에 들어서자 세계 각국이 한국을 주목하기 시작했고, 연구 개발 투자를 제대로 못 하고 있는 개도국들이 부러워하는 대상이 됐다.

하나님께서는 왜 이토록 우리나라를 축복하셨을까? 그 이유는 서양 선교사들에 의해서 우리나라에 기독교 복음이 전파됐고, 그 복음으로 인해 우리 국민의 국민성이 하나님께서 기뻐하시는 방향으로 변했기 때문이라고 본다. 기독교 복음 전파로 인해 우리 국민의 진취성, 자주성, 근면성, 창의성이 획기적으로 향상됐고, 그로 인해 우리나라 경제가 전쟁의 폐허를 극복하고 세계에서 유례를 찾기 어려울 정도의 높은 경제성장을 이룩한 것이다.

그러나 축복을 받았다고 여겨졌던 우리나라 경제가 2020년대에 들어서부터 심각한 취약점을 노출하고 있다. 시장 자본주의 제도하에서 자본과 부가 집중되는 것은 불가피하겠으나, 그 정도가 지나쳐서 국민 소득수준의 양극화를 초래할 뿐만 아니라 경제 성장을 제약하는 요인으로 작동되고 있다. 또 가계 등 경제 주체들의 부채 규모가 폭증하여 정부가 추구하는 내수 진작의 효과가 한계에 달해 일본처럼 장기 경기 침체의 모습이 서서히 나타나고 있다.

경제가 선진화될수록 수익률이 하락하고 투자가 위축되는데, 우리나라에서도 이 현상은 어김없이 나타나고 있다. 민주화가 상당히 진전됐음에도 불구하고 부정부패가 계속 발생하고 불로 소득을 노리는 부동산 투기가 만연했던 결과, 부동산 시장이 흔들리고 있다. 게다가 노동 시장의 경직과 빈번한 불법 파업으로 인해 기업들이 경영에 어려움을 겪고 있다. 청년층은 결혼과 출산을 기피함으로써 인구 감소가 급속하게 일어나는 등 경제 사회 문제가 갈수록 심각해지고, 국민 경제의 지속 가능한 성장을 제약하고 있다.

다양한 문제들이 상호 얽히면서 복잡한 상황에 처한 우리 경제가 미래를 위하여 어떤 길을 걸어야 할까? 그리고 하나님께서 우리나라에게 주신 소명은 무엇일까? 두 질문을 놓고 기독교인들이 간절하게 기도해야 할 때라고 생각한다. 나는 하나님께서 현시대에 우리나라에 주신 소명은 정의로운 경제 사회를 이룩하여 전 세계 개발도상국들에게 경제 발전의 모델이 되는 것이라고 믿는다. 사실 많은 개도국이 한국의 경제 발전 경험을 배우기 위해 끊임없이 방문하고 있다.

하나님께서 주신 소명을 실현하기 위해서 우리나라 경제가 나아가야 할 첫 번째 길은 경제정의 실천을 통한 다양한 경제 주체 간 '격차 해소'라고 생각한다. 무엇보다도 대기업과 중소기업의 균형적 발전을 통해 공정한 분업이 이뤄져야 한다. 그러기 위해서는 대기업들이 하도급 납품업체들과 이익을 공정하게 나누는 것이 경제정의 실현의 중요한 출발점이다. 그리고 굶주리거나 저소득 혹은 무소득으로 인하여 고통을 겪는 사람들이 없도록 소외 계층의 지원과 배려가 확대돼야 한다.

두 번째 나아가야 할 길은 국토의 균형 발전으로 지방에서도 살만한 환경을 만드는 것이다. 국민이 전국에 골고루 분포하여 살게 된다면 하나님께서 우리에게 주신 토지를 효율적으로 사용하고 관리할수 있다. 국민이 일부 지역 대도시에만 밀집하여 살게 되면 경제적으로 효율적일 것 같지만 시민 삶의 질과 안전도가 떨어지고, 하나님께서 원하시는 건강한 삶으로부터 불가피하게 멀어진다. 국토의 균형 발전을 이루기 위한 전기, 교통, 통신, 에너지 등 국가 기간 시설의 균형적인 발전과 배치가 이뤄져야 하고, 인구가 소멸되고 있는 지역들이 속히 회생돼야 한다.

세 번째 나아가야 할 길은 국민 경제의 건강성을 높이고 경제 활동의 품격을 향상하면서 국민의 자긍심을 높이는 일이다. 가계 부채, 기업 부채, 정부 부채 등 경제 주체들의 부채 규모가 적정선에서 유지돼야 국가 품격 유지가 가능하다. 개인의 부채가 많아질 때 나타나는 부정적 행위들은 기업 차원이나 국가 차원에서도 나타나므로 부채 규모 축소는 경제의 품격 유지에 중요하다. 1997년에 겪었던 경제 위기의 교훈을 잊지 않아야 하겠다. 아울러 부동산 투기나 전세 사기와 같은 방법으로 불로소득을 노리는 사람들이 없어지게 하는 것도 우리 경제의 품격 유지를 위해서 절실하게 필요하므로 관련 제도가 보완되고 개선돼야 한다.

네 번째는 과학 기술 혁신을 위한 연구 개발 활동을 확대하여 경제의 잠재 성장률을 높이고, 연구 개발 결과를 바탕으로 기술 기반 벤처 창업이 활발해져야 한다. 과학 기술 혁신, 연구 개발, 기술벤처 창업, 청년 일자리 창출 등은 상호 불가분의 연계 고리를 갖고 있다. 일자리가 꾸준하게 만들어져야 매년 신규로 쏟아지는 청년들이 취업할 수 있고 그들이 행복해질 수 있다. 청년들이 행복해야 출산율이 높아지고, 출산율이 적정 수준으로 증가해야 우리 경제의 미래도 보장될 수 있다. 청년 일자리 창조는 연구 개발 투자의 확대와 이로 인한 과학 기술의 혁신으로부터 시작된다.

마지막으로 개발도상국들에게 우리의 발전 경험과 노하우를 꾸준하게 전수해 주는 일이다. 우리나라는 그동안 개발도상국의 경제·사회 복지 증진을 위한 다양한 측면의 원조를 하고 있다. 국가 수준의 원조는 개발도상국의 빈곤 감소 및 삶의 질을 향상하고, 발전을 위한 제반 제도와 여건을 개선하며, 그들과의 우호 협력 관계를 증진함으로써 범지구적 문제 해결에 기여해야 하겠다.

우리나라는 경제 발전의 경험과 노하우를 살릴 수 있는 개도국들의 발전 프로그램을 기획하고, 이를 실행하기 위한 예산을 지원하며, 전문가들을 파견하거나 한국에 와 있는 유학생들을 지원하고 포용하는 등 다양한 형태의 지원을 확대해야 한다. 그렇게 꾸준하게 노력한다면 우리나라 경제는 전 세계 개발도상국들에게 경제 발전의 모델이 될 수 있고, 하나님의 복음 전파도 자연스럽게 확대될 것이라고 확신한다.

과학 기술은 희망이 될 수 있을까?

　21세기에 들어서부터 정보통신기술(IT), 바이오기술(BT), 나노기술(NT) 중심의 급속한 혁신이 일어났다. 첨단 기술의 혁신과 도입으로 산업에서는 '창조적 파괴' 현상이 일상적으로 일어나고, IT 기술을 도입한 뉴스 매체에 의해 전 세계가 마치 한 국가처럼 뉴스와 문화를 전파하고 있다. 어린이부터 노인에 이르기까지 대다수 사람들이 스마트폰을 활용하고 있고, 2019년에 발생한 '코로나19' 전염병 시대에는 유명 제약회사들이 백신을 발 빠르게 개발함으로써 과학 기술 혁신의 위력을 보여 줬다. 최근에는 인공 지능(AI)이 등장하여 산업 사회가 이에 대한 대응으로 전전긍긍하고 있다.

　이런 과학 기술 혁신의 물결 속에서 폐쇄적인 국가나 기업은 연구 개발 변화 속도에서 낙오되어 도저히 선발 주자를 따라갈 수 없는 초격차가 발생하고 있다. 여기에다 IT, BT, NT 간 융합 혁신이 일어나고 있어 기술 기반이 약하고 융합 능력이 부족한 기업이나 국가들은 선두 주자들을 따라잡을 가능성이 점점 희박해지고 있다.

과학 기술의 혁신이 급속해지자 기업 간 국가 간 경쟁도 격화되고 있다. 미국의 바이든 대통령은 중국의 부상에 대응하여 반도체 기술을 중심으로 동맹국들과 전략적 기술 동맹을 강화하고 있고, 일본은 '과학 기술 창조 입국'을 국가 아젠다로 설정하고 오래전부터 과학 기술 혁신에 매진하고 있다. 중국은 '과학 기술 중흥'을 국정 목표로 설정하고 항공 모함 건조, 우주선 발사 등 과학 기술 혁신에 박차를 가하고 있다. 유럽연합(EU)도 다른 선진국들에 뒤지지 않기 위해 연구 개발 투자를 확대하는 조치를 연속으로 취하고 있다.

우리나라는 선진국들과 어깨를 나란히 하여 과학 기술 혁신을 위한 연구 개발을 가속하고 있다. 박정희 대통령은 베트남 참전 대가로 미국 존슨 대통령으로부터 연구 기관 설립 지원을 요청하고, 1965년 한국과학기술연구원(KIST)을 설립한 이야기는 그가 얼마나 과학 기술 발전에 관심을 기울였는가를 잘 알 수 있다. 박정희 대통령이 연구 개발의 기초를 잘 다진 덕분에 오늘날 우리나라는 세계 톱 수준의 연구 개발 인력과 투자 수준을 유지하고, 과학 기술 혁신에 매진할 수 있게 됐다.

우리나라 기업들의 연구 개발과 과학 기술 혁신은 더 눈부시다. 삼성전자는 2021년, 291조 2,000억 원의 매출액을 달성하고, 이 중 8.3%인 24조 500억 원을 연구 개발에 투자함으로써 반도체 기술의 세계 톱 연구 개발 기업으로 등장했다. LG전자는 같은 해 3조 7,700억 원을 연구 개발에 투자하여 세계 53위 연구 개발 기업으로 부상했다. 한국은 25개 대기업 연구 개발 투자 규모가 1위 미국, 2위 일본, 3위 중국, 4위 독일, 5위 프랑스에 이어 세계 6위에 랭크됨으로써 세계 6대 강국으로 부상했다. 결과적으로 우리나라는 그림과 같이 기업과 정부 그리고 온 국민의 땀과 노력으로 반세기 만에 선진국에 도달했고, 과학 기술 측면에서는 첨단 기술을 창조적으로 혁신하는 발전 단계에 도달함으로써 세계가 주목하는 국가가 됐다.

우리 국민이 현대에 이르러 풍요를 누리고 있는 것은 이러한 첨단 과학 기술의 창조적 혁신에 힘입은 바 크다. 부존자원이 없었던 우리나라가 살 수 있는 길은 오로지 사람의 재능과 기술을 활용하여 과학 기술을 확보하고, 이를 활용하여 제품과 서비스를 개발하고 개발한 상품을 전 세계 시장에 수출하는 것이다. 수출로 부가 가치를 창

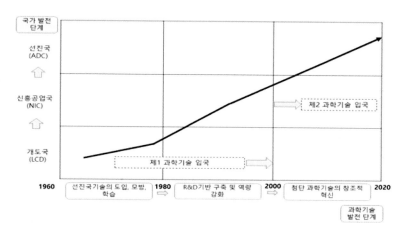

우리나라 국가 및 과학기술의 발전 과정

조하여 고용과 소득을 증가시킬 수 있다는 것이다. 따라서 우리나라에서는 과학기술 혁신이 선택이 아니라 필수라고 생각한다.

국가 지도자나 국민이 노력해서 과학 기술을 개발하려고 노력한다 해도 하나님께서 허락하지 않으시면 불가능한 일이다. 다행스럽게도 우리나라는 기독교 복음을 받아들임으로써 많은 과학 기술자들이 믿음을 갖고 수많은 과학적 진리를 발견하고 또 성과를 창조하고 있다. 우리나라 개인과 기업이 창의성을 발휘하여 출원한 국제특허 (PCT)가 2021년 2만 731개로 중국, 미국, 일본에 이어 세계 4위로 부상한 것으로 나타나 얼마나 왕성하게 신기술을 창조하고 있는가를 알 수 있다.

과학 기술의 혁신이 풍요와 높은 삶의 질을 가져왔지만 기독교복음 전파에 어떤 영향을 미쳤을까? 과학 기술 혁신과 기독교 복음 전파와의 관계에 대해서는 대개 부정적인 견해를 갖는 것 같다. 인공수정과 태아 배양에 성공했을 때는 마치 하나님의 인간 창조가 부정된 것이라고 오해하는 사람들을 봤다. 일부 기독교인들은 과학자들의 끊임없는 탐구 활동에 대해서 거룩하신 하나님의 권위에 도전하는 것처럼 인식하는 것을 보기도 했다.

그러나 하나님께서 허락하시지 않으면 하나의 과학적 진리도 발견해 낼 수 없다는 사실을 알아야 한다. 지금까지 수많은 과학 기술 혁신이 일어났지만, 하나님께서 만들어 놓으신 자연법칙이나 우주 질서 원리의 극히 일부만을 알아냈을 뿐이다. 뛰어난 연구 성과를 창조하는 과학자들일수록 오히려 하나님의 존재를 더 깊게 인정하고 강한 믿음을 갖는다. 그래서 하나님의 존재를 인정하는 '믿음'을 과학자들이 가져야 할 필수 요소라고 말하기도 한다.

다만 과학적 진리를 탐구하고자 '끊임없는 토론과 치열한 가설 검증 과정'이 과학자들의 연구 문화이므로 하나님의 말씀에 무조건 순종하는 것을 가르치는 기독교 교회 문화와의 충돌이 있을 수 있다는 생각은 든다. 교회에 다니는 나도 교회 운영에 관한 의견 개진 과정에서 무조건적인 순종을 바라는 교인들과 의견 충돌을 적지 않게 경험한 적이 있다. 이는 각자가 일하는 직업에서 익숙해진 조직 문화의 차이로 인해 발생하는 것이지 하나님의 말씀에 불순종하는 것이 아니다.

과학 기술 혁신은 우리가 살아가는 데 중요하지만, 동시에 이것으로 인한 사회적 위험도 확대된다. 기술 혁신은 불가피하게 개인 간, 기업 간, 계층 간, 국가 간 소득 격차를 확대시킨다. 혁신에 성공하는 개인이나 기업은 그 보상으로 부를 얻게 되고, 그렇지 못한 개인이나 기업은 손실을 보게 된다. 정보 통신 기술의 도입으로 인해 개인의 사생활 침해가 확대되는 등 신기술이 채용되면 항상 문제도 수반된다. 신기술을 사용하는 사람들과 그렇지 못한 사람들 간에 문화적 충돌 가능성이 존재하게 됨으로써 사회적 위험이 증가한다.

따라서 과학 기술의 혁신 시대에서 발생하는 격차와 문화적 충돌을 어떻게 극복하느냐가 현대 사회의 큰 과제이다. 새로운 과학 기술의 등장으로 인한 부정적 영향과 문화 충돌 현상 그리고 이를 극복하는 방안에 관한 연구가 여러 학문 분야에서 이뤄지고 있다. 연구 결과가 사회에 많이 유통돼서 시민들 간 공감대가 확대되기를 기대한다. 과학 기술의 부정적 영향을 잘 제어하고 또 긍정적인 요소를 잘 활용한다면 과학 기술이 우리나라와 인류에게 잘 살 수 있다는 희망을 가질 수 있다.

미래 세대의 꿈을 위하여

새벽 예배를 드리다 보니 매주 수요일은 미래 세대를 위한 기도를 하는 날이어서 기도 제목을 찾는다. 그렇지 않아도 사랑하는 손주들이 있기 때문에 이들을 위한 기도를 매일 하고 있었다. 교회가 미래 세대를 위한 기도를 공적으로 제안하고 있으니 생각도 깊어지고 시간이 지나면서 기도 제목이 확장되고 있다.

미래 세대는 어린이부터 중고등학교 학생과 청년들까지를 포함한다. 이들이 공통적으로 갖는 질문은 내가 어른이 돼서 무엇을 할까 혹은 무엇이 될까 라는 꿈이다. 과거에는 후자 (무엇이 될까)가 일반적이었다고 할 수 있으나 현대에 와서는 전자 (무엇을 할까)가 일반적인 것 같다. 많은 사람들이 "무엇이 되는 것"보다 "무엇을 하는 것"이 더 중요하다고 생각하고 있고 또 그렇게 교육하고 있는 것 같다.

무엇을 하는 것은 직업과 연관된다. 현대에서는 직업이 2만 개가 넘는다고 하지만 성경에서의 언급되는 직업은 40여 개 정도이다. 당시 사회는 농어업이나 목축업이 주류였으니 직업의 수가 적은 것이 당연하다. 건축자, 교법사, 군인, 구리 장색, 금 장색, 농부, 대장장이, 동산지기, 떡 굽는 자, 목수, 세금 거두는 자, 배 만드는 자, 배의 틈을 막는 자, 베 짜는 자, 벽돌 만드는 자, 병기공, 보석 새기는 자, 사공, 염색하는 자, 옷감 장사, 세탁하는 자, 수놓는 자, 악사, 어부, 요리하는 자, 은장색, 의사, 장막 만드는 자, 제도사, 제련공, 조각사, 줄 만드는 자, 철공, 칠하는 자, 토기장이, 파수꾼, 포도주 만드는 자, 피장, 향 만드는 자 등이다.

예수님은 목수였고 제자인 누가는 의사, 레위는 세금 거두는 자, 베드로와 안드레는 어부, 사도 바울은 장막을 만드는 직업을 가졌다. 예수님이 살았던 시대에는 대개 부모가 하는 일을 이어받아 직업을 선택했으나 현대 사회는 새로운 과학 기술이 지속적으로 탄생하고 있고, 직업이 계속 늘어나고 있어 선택이 쉽지 않다. 또 서비스 산업이 고도로 분업화되고 있어 직업의 종류는 이루 헤아릴 수 없이 많아졌다.

청소년들은 꿈을 생각하고 준비하기 전에 먼저 삶의 가치관을 갖는 것이 필요하다. 삶의 가치관을 갖는다는 것은 곧 기독교 복음을 갖고 있느냐 없느냐와 관련이 있다. 청소년들이 매주 교회에 나가 예배를 드리면서 믿음을 키워 간다면 그들은 이미 삶의 가치관을 반쯤 확립한 것이나 다름없다. 그들이 학업을 성실하게 하면서 자기가 좋아하는 것을 찾아 미래의 꿈을 키워 간다면 하나님은 평탄한 길로 인도할 것이나, 그렇지 않으면 어둠과 시련의 길을 걷게 될 것이다.

꿈은 하나님을 인정하고 그가 나의 삶을 인도하시고 또 소명을 주신다는 믿음을 바탕으로 형성돼야 한다. 그렇지 않으면 꿈이 탐욕과 욕망으로 변질될 수도 있다. 따라서 꿈을 키워 가되 '하나님께서는 내가 어떤 일을 하도록 원하시고 있을까?'라는 제목을 놓고 끊임없이 기도해야 한다. 꿈을 갖되 기도로 준비하고, 성취 후에는 기도로 감사하는 생활을 해야 한다. 나의 하는 일을 통해서 하나님께 영광을 돌리고 궁극적으로는 이웃에게 그리스도의 향기를 내 품어, 선한 영향을 미쳐야 나의 삶이 보람 있고 예수 그리스도의 복음도 전파될 수 있다.

"우리는 그의 만드신 바라 그리스도 예수 안에서 선한 일을 위하여 지으심을 받은 자니 이 일을 하나님이 전에 예비하사 우리로 그 가운데서 행하게 하려 하심이니라" (에베소서 2:10)

나의 부끄러운 경험을 이야기한다면 내가 청소년 시절에 가졌던 꿈들은 실제로 이루어지지 않았고, 예상치 못했던 길을 걸었던 것 같다. 내가 기도하지 않았으므로 하나님께서 주신 소명을 깨닫지 못했으나, 하나님께서는 미리 내가 수행할 일을 계획하시고 나의 길을 인도해 주셨다. 이는 전적으로 하나님의 은혜였다. '만약 내가 그 길을 미리 기도로 준비했었더라면 더 잘할 수 있었지 않았을까!'라는 아쉬움을 갖는다.

미래 세대가 하나님께서 주신 소명을 알기 위해서는 '하나님께서 내게 주신 재능(달란트)이 무엇인가?'라는 질문부터 시작해야 한다. 어린 시절에는 자신의 재능을 쉽게 알 수 없으므로 '내가 평소에 무엇을 좋아하고 있는가', 혹은 '내가 현재 무엇을 잘하고 있는가'를 곰곰이 생각하면 자신의 재능이 무엇인가의 답변에 다가갈 수 있다. 나보다는 나의 부모님이 그것을 더 잘 알 수도 있으므로 부모님과의 대화도 필요하다.

청소년들은 꿈을 실현하기 위해서는 성실성, 끈기, 지속성 등의 자기 노력이 필요하다. 꿈은 단번에 이뤄지는 것이 아니라 오랜 기간 자신을 갈고닦으면서 쌓아 올리는 것과 같다. 이 과정에서는 고통스러운 수고를 해야 하고 또 땀을 흘리기 마련이다. 땀 없이 결코 꿈을 이루는 경우는 없다. 성경에서는 일을 수행하는 과정에서 그리스도인이 임해야 할 자세를 다음과 같이 기록하고 있다.

"각각 은사를 받은 대로 하나님의 각양 은혜를 맡은 선한 청지기 같이 서로 봉사하라" (베드로전서 4장 10절)

오늘도 학교 공부하랴, 학원에 가랴, 심지어는 주일에도 예배에 빠지면서 정신없이 공부에 몰두해야 하는 우리나라 청소년들을 보면 애처로운 생각이 든다. 청소년들이 어떻게 살아가는 것이 이 어려운 시대의 삶을 이겨 낼 수 있을까? 오늘날과 같이 유혹과 유행이 많은 시대에 올바르게 사는 길은 청소년 스스로가 확고하게 자주성을 갖는 것이다. 어떤 유혹과 유행에도 영향받지 않는 '확고한 마음가짐'을 갖는다면 내가 가야 할 길을 갈 수 있지 않을까?

　자신의 자주성을 갖기 위해서는 중심이 필요하다. 기독 학생들은 '예수 그리스도의 말씀'이라는 중심이 있으니 이미 자주성을 갖고 있다. 그러나 믿음이 없는 학생들은 남이 가는 길을 무작정 따라갈 수밖에 없을 것이다. 성경 말씀을 먼저 공부하고 이해하여 나 자신의 자주성을 갖도록 노력해야 하겠다. 그리하여 세상의 유행이나 유혹을 뿌리치고 하나님께서 나에게 주신 '소명의 길'을 찾아 묵묵히 걸어가면서 승리하기를 기원한다.

한국의 개신교 교회들을 위하여

2027년이 되면 기독교 복음이 우리나라에 전파된 지 200년이 된다. 우리나라에 처음 온 개신교 선교사는 칼 꾸쯔라프(Karl F. A. Guzlaff)였다. 그는 1827년 네덜란드선교회의 파송을 받아 인도네시아 선교사로 부임했다가 마카오와 중국을 거쳐, 1832년 방향을 한국 서해안으로 돌려 군산 만에 도착해서 선교를 시작했다.

그 후 33년이 지나, 영국 스코틀랜드 성서공회가 파송한 토마스(Robert J. Thomas) 선교사가 한국에 와서 순교함으로써 한국 개신교의 기초를 다졌다. 그는 1866년 평양을 방문했다가 체포돼 대동강에서 자기 목을 칼로 치는 조선인 병사에게 성경책을 주면서 목숨을 바친 최초의 개신교 선교사 순교자였다. 개신교 복음이 본격적으로 전파된 것은 1885년 미국 북감리교가 파송한 언더우드(Horace G. Underwood)와 아펜젤러(Henry G. Appenzeller) 선교사가 부임한 이후였던 것으로 알려지고 있다.

서양 선교사들이 흘린 피와 땀으로 우리나라 개신교는 비약적으로 성장했다. 2021년 갤럽 조사 결과에 의하면 개신교인이 국민의 17%(850만 명) 정도를 차지하여 가장 많고, 다음으로 불교인 16%(800만 명), 천주교인 6%(300만 명) 등의 순으로 나타났다. 개신교인의 비중은 1984년 조사가 시작된 이래 2004년과 2014년 전 국민의 21%(1,050만 명)로, 최고 수준에 도달했으나 이후 하락하고 있다.

기독교 복음이 들어온 후 개신교 교인들은 성경 말씀에 기초하여 구태를 벗어 버리고 새로운 바람을 일으켰다. 술을 멀리하고 흡연을 금하였으며, 새벽 기도를 하면서 부지런함과 근면성을 일깨웠다. '사경회'를 통해 성경 속 진리를 탐구하면서 기쁨을 누렸고, 자녀들 교육에 힘써 사회 변화에 앞장섰다. 일본 식민지 시대에는 기독교인들이 애국심과 진취성으로 독립운동을 주도하였고, 6.25전쟁 이후에는 민주화 운동을 주도하여 시대적으로 중요한 시민운동의 중심 역할을 담당했다.

현대에 와서 기독교 복음은 우리 국민의 높은 종교성과 결합돼 급속하게 전파됐고, 개신교 교회는 폭발적으로 성장했다. 개신교 교회가 내세운 십자가 탑이 도시 모습을 장식했고, 어떤 개신교 교회는 교인 숫자가 50만 명을 넘어선 것으로 나타나 서양 사람들을 놀라게 했다. 세계 10대 교회의 과반수가 한국이 차지했고, 한국 교회가 파송한 선교사 숫자가 2만 명을 넘어서 미국 다음으로 많아진 것을 보고 우리 자신도 믿기지 않을 정도였다.

이런 개신교 교회의 성장은 하나님께서 허락하신 것이므로 '하나님께서는 왜 그토록 한국의 교회들을 성장시켰을까'라는 의문을 남긴다. 두말할 나위 없이 하나님께서는 우리나라 교회에 그 성장으로 만들어진 힘을 사용하여 전 세계에 하나님의 복음을 전파하고 선교 활동에서 동방의 빛이 되라 그리고 하나님을 믿는 백성의 모습으로서 전 세계의 표상이 되라고 명령하는 것으로 믿어진다.

태백시 예수원 내에 설치된 나무 십자가

기독교인들이 하나님께서 우리나라 개신교에 부여한 사명을 이루지 않는다면 어떻게 될까? 선교를 하지 않고 기복 신앙으로 성공주의와 교회의 양적 성장에 매몰된다면 그것은 하나님의 기대에 배치되는 것이다.

한 언론사 기자의 조사 결과에 의하면 개신교 교인의 숫자가 한때 1,000만 명에 달했으나, 2010년대 후반에 150만 명 정도가 이탈했고, 그중 상당수가 가톨릭교회로 이동했다고 한다. 가톨릭교회로 이적한 일부 개신교인들과 인터뷰한 결과, 가장 큰 이유가 '개신교 교회의 접근성 부족'이었다고 한다. 접근성 부족이라는 것은 목회자나 성도들이 멀게 느껴졌다는 것으로 이해된다.

이 조사 결과가 사실이라면 개신교 교회들은 맡겨진 양들을 돌보는 데 어떤 문제가 있었는지 깊이 성찰해야 하겠다. 예수님은 베드로에게 "네가 나를 사랑하느냐?(요한복음 21장 15~17절)"는 질문을 하시고 그렇다면 "내 양을 돌보라"는 말씀을 세 번 반복하셨다. 개신교 교회 지도자들은 이 말씀을 되새겨 보고 주님께서 맡긴 양들을 잘 돌봤는지 교회 운영과 각종 소모임 활동을 세밀하게 살피고 '잃어버린 한 마리 양'을 찾기 위한 노력을 진실하게 시도해야 한다. 각종 소모임 구성조차도 이제는 '톱다운' 방식이 아닌, 자발적으로 참여하는 '버텀업' 방식으로 전환하는 것을 시도해야 할 때다.

개신교 교회들이 돌아봐야 할 또 하나는 우리도 모르게 교회에 깊숙이 뿌리박은 유교 문화 요소들이다. 과거 조상에 대한 '제사' 문제가 교인 가정의 갈등 요소였으나, 지금은 교회에 유교식 위계 문화가 깊숙이 뿌리를 내리면서 많은 문제를 유발하고 있다. 장로, 안수집사, 권사 등 봉사를 위한 직분 구분이 이제는 경직된 위계 조직으로 발전하여 많은 교인들에게 상처를 주고 교인들을 갈라놓고 있다. 가톨릭교회는 일찍이 '세례명' 혹은 '형제, 자매'로 부르는 호칭 제도를 정착시키고 성도들 간 수평적 관계 문화를 발전시켰으나 개신교 교회들은 이에 뒤처져 있다. 앞으로 성경에 기초를 둔 문화 개혁 운동이 일어나기를 기대해 본다.

마지막으로 한국 개신교 교회들이 예수님께서 승천하시기 전에 하신 명령 "땅끝까지 복음을 전파하라"는 선교 사명을 실질적으로 실천하고 있는지 살펴봐야 한다. 우리나라 개신교 교회가 보였던 선교 활동이 과연 세계 교회가 배울 만하도록 질적으로 '빛과 소금'의 역할을 수행했는가 되돌아봐야 한다는 것이다. 필자는 영국에서 다녔던 런던 남부의 '체싱턴 복음교회(Chessington Evangelical Church)'는 교인 수가 150여 명밖에 안 됐지만 2명의 선교사를 필리핀에 파송하고 관리하는 모습을 관찰할 수 있었다.

이 교회는 매주 수요일 저녁을 '선교를 위한 기도의 시간'으로 정하고 있다. 매주 수요일 저녁 7시에 성도들끼리 기도 제목을 나누면서 선교사들을 초청하여 말씀을 듣고 기도한다. 여름에는 교인 중 2명을 선발하여 이들로 하여금 선교 현장을 방문하고, 선교사들의 애로사항을 파악하여 교인들에게 보고하게 한다. 연말이 되면 선교사들에게 안식월을 허용하고 귀국하여 휴식을 취하게 한다. 교회가 선교 현장에서의 선교사 생활비, 의료비, 자녀 교육비, 노후를 대비한 연금 납부 등 전 비용을 책임지는 것은 당연한 일이다.

이 영국 교회는 선교 활동을 수행하는 과정에서 평신도들도 높은 수준의 선교 마인드와 선교 현장에 관한 지식과 경험들을 공유함으로써 선교가 신앙생활의 중요한 부분을 차지하고 있음을 알 수 있었다. 우리나라 개신교 교회들도 영국의 체싱턴 복음교회처럼 선교를 좀 더 진실하고 실질적으로 실천하기를 기대해본다.

"오직 성령이 너희에게 임하시면 너희가 권능을 받고 예루살렘과 온 유대와 사마리아와 땅끝까지 이르러 내 증인이 되리라 하시니라" (사도행전 1장 8절)

다가온 이주민 선교 시대

결혼 이민자, 유학생, 북한 이탈 주민, 산업체 연수생 등이 포함된 국내 체류 외국인은 2019년 252만 4,656명에 달했으나, 코로나19 전파로 인해 2023년 250만 명 수준으로 약간 줄었다가 다시 늘어나고 있다. 이 중 3개월 이상 합법적으로 체류하고 있는 등록 외국인은 129만 명(51.6%)이며, 나머지는 관광객이거나 불법 체류자들이다. 체류 외국인을 통상 '이주민'이라고 부르는데, 영어로는 'diaspora' 혹은 'people on move'로 표기된다.

이주민 중 결혼 이민자는 16만 9,633명(7.6%), 유학생은 19만 7,234명(8.8%), 나머지는 산업체 근로자나 연수생들로서 우리나라 사회와 문화에 적응해야 하는 사람들이다. 국적별로는 중국 39.2%(84만 2,281명), 베트남 10.7%(23만 224명), 태국 9.1%(19만 5,569명), 미국 6.8%(14만 6,247명), 우즈베키스탄 3.7%(7만 9,078명) 등의 순이다.

우리나라에 이렇게 많은 이주민이 와 있는 것은 우리 국민이 외국인을 배우자로 선택했고, 내국인들이 3D(Difficult, Dirty, Dangerous) 업종을 기피하기 때문에 필요한 근로자를 외국인으로 대체한 결과이다. 유학생이 많아진 것은 국내에서 좋은 직장을 구하고자 하는 외국인들의 열망과 내국인 학생만으로 정원을 채우지 못하거나 재정 상황을 개선하려는 대학들의 이해관계가 맞아떨어져 나타난 결과이다. 여기에는 한류(韓流)의 영향도 작용하였다.

내국인 인력의 부족을 외국인 이주민들로 충원하는 현상은 이미 오래전부터 일본, 유럽, 미국 등 선진국에서 일어났던 일이다. 우리나라는 잘 준비되지 않은 상태에서 이주민이 짧은 기간 내에 급속하게 유입되고 있어 많은 과제를 안고 있다. 더구나 이주민 중 상당수가 불법 체류자들이라는 점에서 정부의 대응이 쉽지 않다.

한국에 온 외국인들은 문화적 충격을 받거나 언어 문제로 인해 의사소통이 불완전하므로 삶이 녹록지 않다. 특히 불법 체류를 하면서 일을 하는 근로자들은 언제나 추방될 수 있다는 불안감을 갖고 있는 데다 의료 보험 등 사회 보장 사각지대에 놓여 있어 사고가 나거나 몸이 아플 때 의료 서비스를 쉽게 받지 못한다. 또 근로자들이 냉난방이 제대로 안 되는 시설에서 생활하고 있어 추운 겨울이나 무더운 여름에 많은 고생을 한다. 이런저런 이유로 대부분의 이주민들은 정신적으로나 육체적으로 매우 약해져 있다.

우리나라에 와 있는 이주민들을 생각할 때마다 야곱과 그 후손들이 요셉 총리시대에 흉년을 피해 이집트로 갔다가 이집트 왕의 노예가 돼서 고난을 겪었던 구약성경 이야기가 연상된다. 하나님께서는 야곱의 후손들이 이집트에서 이주민 신분으로 살았던 삶을 생각하면서 이스라엘 땅에 살고 있는 이주민들을 내국인과 동일하게 사랑하라고 명령하고 있다.

"너희와 함께 있는 거류민을 너희 중에서 낳은 자 같이 여기며 자기 같이 사랑하라 너희도 애굽 땅에서 거류민이 되었었느니라 나는 너희의 하나님 여호와이니라" (레위기 19장 34절)

하나님은 우리에게 한국에 와서 살고 있는 이주민들을 어떻게 대하라고 하실까? 기독교인이라면 누구나 내국인과 같이 선대하라고 대답할 것이다. 하나님은 이주민에 대한 '선대'를 넘어서 이들에게 기독교 복음을 전파하여 하나님의 나라를 확장하라고 명령하실 것이다. 예수님은 외국인인 헬라인 여자가 귀신 들린 자기 딸에게서 귀신을 쫓아내기를 간구할 때 그 여자의 믿음을 보고 귀신을 내쫓았다고 기록하고 있다(마가 7장 26~30절). 그리고 부활하신 후 제자들에게 나타나 모든 민족에 선교하라는 마지막 명령을 내리셨다(마태복음 28장 19절).

국내에 이주민 수가 급속하게 증가하던 2019년 말, 중국 우한에서 발생한 '코로나19' 감염병이 전 세계에 급속하게 전파됐다. 이로 인해 세계 각국이 외국인 출입국을 제한했고 각종 집회를 제한했다. 선교지에서의 선교 활동이 제한되자 많은 우리나라 선교사들이 귀국할 수밖에 없게 됐다. 선교사들이 몇 명이나 귀국했는지는 알 수 없으나 귀국한 선교사들은 국내에 와 있는 이주민들을 대상으로 교회를 개척하고 '가는 선교'에서 '오는 선교'로 방향을 전환하여 다시 선교를 시작했다.

이주민들의 삶이 고달파 심신이 약해진 상황은 어쩌면 이들이 복음을 받아들일 수 있는 가능성이 커졌다는 것을 의미한다. 이 상황은 코로나19로 귀국한 선교사들이 많아진 것과 맞물려 우리나라에서 하나님의 나라를 확장할 수 있는 좋은 여건이 절묘하게 마련됐다는 것을 뜻한다. 결국 이것은 하나님의 뜻이라는 것을 알 수 있다.

이런 환경 변화에 맞물려 이주민에 대한 선교 활동이 빠르게 전개되고 있다. 열방선교네트워크 포럼 자료에 따르면 경기도 북부 10개 시·군 지역에서 이주민을 대상으로 귀국 선교사들이 개척한 교회는

가평 필그림하우스에서 이주민 선교사들과 함께

2023년 8월 현재 64개에 달한다. 예배의 수를 보면 아프리카 언어권 예배가 15개로 가장 많고, 네팔 8개, 태국과 캄보디아 각각 6개, 베트남과 필리핀 각각 4개 순이다. 공식적인 통계가 없지만 전국에 200여 개에 달하는 것으로 추정된다. 경기도 북부에 위치한 이주민 교회를 후원하고 지원하는 국내 교회는 15개 정도인 것으로 조사됐다.

튀르키예와 우즈베키스탄 이주민들을 대상으로 선교하고 있는 의정부 안디옥열방교회를 소개해 보자. 튀르키예에서 20여 년 동안 선교사로 활동하다가 2007년 귀국한 김종일 선교사는 무슬림 근로자들을 모아 매주 예배를 드리고 '할랄' 음식을 만들어 점심과 저녁 식사로 제공하여 몸과 마음이 지친 그들을 위로했다. 이 외에 고향에 있는 가족들과 화상 통화를 돕거나 은행 송금 돕기, 체불 임금 받아 주기, 병원에 함께 가기 등 그들이 어려워하는 사사로운 일들을 도왔다. 이런 작은 돕기에 감동을 받았는지 초창기에 10여 명에 불과했던 예배 인원이 지금은 100여 명에 달했고, 그동안 150명 이상이 세례를 받았다고 한다. 김종일 선교사가 튀르키예 현지에서 20년간 선교사로 있을 때 세례를 줬던 10여 명과 비교하면 놀랄 만한 변화다.

안디옥열방교회를 하나의 사례로 소개했지만 이런 이주민교회는 이주민 증가세에 발맞추어 빠르게 늘어날 것으로 보인다. 앞으로 개신교 교회가 '가는 선교'도 잘해야 하겠지만, 이주민에 대한 '오는 선교'를 하나님께서 이 시대에 주신 절호의 기회로 인식하고 적극적으로 추진하고 지원해야 하겠다.

아내에게 드리는 편지

　2005년 여름, 나와 아내는 하와이 코나 섬에 있는 열방대학 (University of Nations)에서 있었던 부부 세미나에 참여하는 기회를 가졌다. 모세 목사의 인도로 2주 동안 개최된 부부 세미나에서 하나님께서 가정을 통해 이루고자 하시는 목적을 깨닫고 많은 은혜를 받았다. 우리 부부는 결혼해서 가정을 이루고 자식이 장성할 때까지 직장에서나 사회에서나 부부가 알아야 할 사전 지식이나 덕목에 관한 교육을 받을 기회가 없었다. 그저 남들이 하는 방식을 따라 살았으므로 행복한 가정을 이뤄 나가는데 부족한 점이 너무나 많았다.

　교회 생활을 하면서 많은 교우들을 만나고 또 대화하면서 다른 부부들도 비슷한 상황이라는 것을 어렴풋이 짐작됐다. 이미 갈등을 겪고 있는 부부도 있었고, 많은 부부가 배우자에 대해 불만을 갖는 것 같았다. 나는 열방대학에서 배웠던 내용을 생각했고, 교우 부부들 앞에 나가 강의를 해야겠다고 마음먹었다. 교회에서 평신도가 강의를 한다는 것이 쉽지는 않았지만 용기를 내서 2007년 5월부터 8월까지 매주 주일 오후 2시에 부부 세미나를 가졌다.

부부 세미나에 참여했던 열세 부부는 여러 면에서 부족한 내 강의를 열심히 그리고 진지하게 들어 줬다. 부부 세미나 강의의 주제는 모두 11개였는데, 매주 한 강의씩 11개 강의를 모두 마치는 데 4개월이 소요됐다. 11개 강의 주제는 '사랑의 언어, 당신의 마음을 가정으로 돌이켜라, 강한 가족 만들기, 상대의 마음을 닫게 하는 것, 가정이 하나 되기, 배우자 이해하기, 깨어진 관계 회복하기, 용서와 축복을 통한 자유, 자녀 양육: 사랑과 징계의 균형 잡기, 자녀에 대한 훈계, 영원한 유산 상속하기' 등이었다.

11회 강의를 모두 마치고 우리는 경기도 가평군 북면에 위치한 필그림하우스에 1박 2일로 체험 학습을 나갔다. 필그림하우스는 지구촌교회 이동원 목사가 설립한 유럽의 수도원과 비슷한 곳이다. 이곳에서는 숙박을 하면서 조용하게 묵상하고 성도들과 대화를 나눌 수 있다. 무질서하고 시끌시끌한 기도원하고는 사뭇 다른 분위기를 갖기 때문에 묵상을 좋아하는 성도들이 즐겨 찾는 곳이다.

8월 마지막 주 필그림하우스에서 가졌던 1박 2일 체험에서 가장 인상 깊게 남은 것은 남성 참여자 모두가 '아내에게 보내는 편지'를 써서 낭독하는 시간을 가진 것이었다. 이날 성령님께서 같이 하셔서 부부 모두가 많은 감동과 은혜를 체험하였다. 실내 장식에 달란트를 가진 송형규 형제가 아기자기하게 꾸민 장식과 음악이 좋은 감정을 갖게 했다. 나도 함께 아내에게 드리는 편지를 작성하여 낭독했는데, 이 편지를 그대로 여기에 소개한다.

사랑하는 아내에게,

이렇게 당신에게 편지를 쓰는 일이 참으로 오랜만입니다.

연애 중에, 내가 군 근무 중일 때, 방콕에서 혼자 공부하고 있을 때, 영국 유학 가서 혼자 살고 있을 때 그리고 아마도 2006년 동경에 가 있을 때 정도였을 것입니다.

결혼한 지 30년이 지났습니다.

이제 내 나이 58세라니, 때때로 부끄러워집니다. 언제든지 하나님께서 부르시면 내 인생을 돌아보고 후회 없이 떠나야 할 텐데, 아직 아무것도 해 놓은 것이 없는 것 같은 느낌입니다.

그래도 딸 둘을 낳아 키워 결혼시켰으니 자식 농사는 잘했나요? 결혼하기 전의 나의 위치와 모습을 생각하면 하나님께 감사할 일이 너무 많습니다. 당신과 결혼한 이후 나는 정말 너무 많이 변했습니다.

무엇보다도 결혼 이후 하나님에 대한 믿음이 생겼지요. 그리고 당신 덕분에 주일날 빠짐없이 교회에 나가 예배드렸으니까요. 내 인생 여정에 하나님이 중심이 됐고, 때로 하나님을 잠시 잊기도 했지만 결코 흔들리지 않았지요. 많지는 않지만 우리가 비천해지지 않을 정도의 물질도 얻었습니다. 하나님 앞에서는 보잘것없지만, 세상에서 학문적인 명예도 조금 얻었습니다.

여보. 감사합니다. 당신 덕분에 오늘의 내가 있게 됐어요. 물론 오늘 나의 나 된 것은 하나님의 은혜이지만요. 그다음은 당신입니다.

당신 나와 결혼해서 고생 많았어요.

부산 민락동에서 만삭의 몸을 이끌고 대연동까지 출퇴근했던 시절을 잊지 않고 있습니다. 어린 은혜를 떼어 놓고 아침마다 출근길 재촉하는 모습 잊지 않고 있습니다.

방콕에서 섭씨 40도를 오르내리는 무더위 속에서 신혜를 키우느라 고생한 것 잊지 않고 있습니다. 영국 솔딘(Soldean)의 외딴집에서 런던까지 가 한국 학생들을 가르치고 밤늦게 브라이튼(Brighton)에 돌아오던 그 고생 잊지 않고 있습니다.

그런 고생들을 이제는 당신이 아름다운 추억으로 기억하고 있으리라 믿습니다. 그런 추억이 다시 돌아오는 일은 없겠지요.

은혜도 우리 곁을 떠나고, 신혜도 떠나 이제 우리 둘만 남았습니다. 우리 둘만 남은 집에서 이제 기다릴 것은 훗날의 또 하나 아름다운 하나님의 세계입니다. 그때까지 남은 인생 여전히 삽시다. 이제 우리를 위해서가 아니라 이웃을 위해서, 하나님을 기쁘시게 하도록 삽시다.

이곳 세상에서 아직도 할 일이 남아 있으니 건강하게 열심히 삽시다. 당신은 교감 직분을 잘 감당하고 나는 나라를 위해 열심히 일하겠습니다.

부디 건강하고 은혜가 넘치는 하루하루 삶 되기를 기도합니다.

2010년 8월 27일
당신의 남편 이공래 드림

딸 부부와 손주들에게 주는 나의 유산

우리 부부에게는 두 딸과 네 명의 손주들이 있다. 두 딸은 우리가 가정을 이루고 살면서 낳은 후 애지중지하면서 정성껏 길렀고 사랑했으며, 지금도 사랑하는 자들이다. 이미 직간접으로 나와 우리 부부의 '삶의 문화'가 그들에게 유전됐으리라 여기지만 글로써 우리의 문화적 유산을 상속하는 것도 의미가 있을 것 같다.

누구나 그렇듯 손주들은 눈에 넣어도 안 아플 정도로 예쁘다는 말이 실감 난다. 그들은 우리 두 딸 부부의 유산을 상속받겠지만 할아버지, 할머니의 유산도 받을 것이라는 믿음으로 이 글을 남긴다.

가장 중요하게 유산으로 물려주고 싶은 것은 하나님을 향한 '살아 숨 쉬는 믿음'을 가지라는 것이다. 우리 두 딸 부부가 내가 가졌던 믿음의 분량 이상으로 하나님을 항상 느끼고 체험하면서 살아가기를 바란다. 그리고 범사에 하나님을 인정하고 존중하면서 그분이 주신 삶의 목적을 성취해야 하겠다. 또 마음속에 세계를 향한 하나님의 뜻을 갖고 그분의 말씀을 사랑하며 또 그 말씀에 순종해야 한다.

하나님의 독생자 예수 그리스도는 하나님과 동일하신 분이자 '사랑의 표상'이시므로 그분이 말씀하시는 사랑의 방식으로 사랑을 실천하려고 노력해야 한다. 사랑은 곧 '모든 것에 오래 참는 것'이므로 참는 자가 되는 데 익숙하기를 바란다. 또 항상 온유하고 이웃이 잘 될 때 시기하지 않는 것도 사랑을 실천하는 방식이다.

살아 숨 쉬는 믿음을 소유한 자는 교회에서나 교회 밖에서나 형제자매들에게 무례하게 행동하지 않는다. 따라서 어떤 상황에서도 교만하지 않으며, 성내지 않으려고 노력하는 예수님의 사랑을 실천하는 자가 되기 바란다. 자기의 유익보다 타인의 유익을 먼저 생각하고 마음속으로라도 악한 것을 생각하지 않아야 하겠다. 내가 그렇게 살아왔듯이 세상의 불의에 기뻐하지 아니하고, 성경 속의 지혜와 진리를 발견하면서 진정한 기쁨을 누리는 자가 되기를 바란다.

두 번째는 이웃과 상호 신실한 관계를 유지하고 가정에 헌신하기를 바란다. 이기적이고 자기중심적인 삶의 방식을 멀리하고 항상 건전하고 도덕적으로 확신하는 삶의 방식을 선택하기를 바란다. 때때로 당하는 상처로 인해 갖게 되는 아픔과 고통을 피할 수는 없겠지만 그로 인해 좌절하지 말고 너희 성품을 아름답게 빚어 가는, 또한 그것이 인생의 한 과정임을 깨달으면서 살아가기를 바란다. 이웃과의 갈등이 불가피하게 발생한다면 서로 존중해 주는 방법을 창의적으로 찾아 해결해 나갈 수 있기를 바란다.

이웃과 신실한 관계를 맺기 위해서는 항상 남의 마음을 이해하고

2023년 두 딸 부부와 손주들 모습

그들을 부드럽게 받아 주는 것이 필요하다. 그리고 '지위고하'와 '부천'을 막론하고 남을 존중하며 존엄성을 갖고 상대하기를 바란다. 특별히 가난한 자를 하나님께서 보내신 자일수도 있다고 생각하고 돌아봐야 한다. 혹 조직이나 사람을 관리하는 위치에 선다면 항상 공평하고 의로운 의사 결정자가 되길 바란다. 그러기 위해서는 먼저 '다양한 사람의 삶의 방식'을 인정하고 가치를 부여하면서 존중해야 하겠다.

세 번째는 자신의 직업을 하나님이 주신 사명으로 생각하고 항상 즐거워하면서 일하기를 바란다. 직업은 그것을 통해서 전도와 선교를 할 수 있으므로 그리스도인에게는 특별히 중요하다. 직장에서의 전도와 선교의 가능성은 내 삶의 방식이 어떤가에 달려 있다. 어떤 직업이든 이미 확립된 직업 윤리를 잘 준수하고 정직하며 언행이 일치되는 삶을 사는 것이 중요하다. 그리고 주어진 시간, 자원, 재능을 효율적으로 잘 관리하는 자가 돼서 직장과 직업을 통해 너희 이름이 선하고 존경받는 명성을 얻게 되기를 바란다.

직장에서 직무를 수행하는 과정에서는 한국적 관점에서만 사고하지 말고, 전 세계적인 관점을 갖기를 바란다. 그래야 글로벌 시대에 발맞추어 직장을 빛낼 수 있고, 나라가 발전하는 데 기여할 수 있다. 그리하여 어느 곳에서든지 자신이 속한 직장이나 사회에서 모범이 되는 사람이 되기를 바란다. 직장뿐만 아니라 살고 있는 지역에서 처음 삶을 시작할 때보다 더 나은 곳으로 바꾸어 세상에 남겨줄 수 있다면 우리는 주님과 후손 앞에서 떳떳해질 수 있으리라고 생각한다. 하나님께서 우리를 위해 만들어주신 지구 환경을 잘 보호하고 가꾸는 것도 그 일환이다.

마지막으로 내가 위에 언급한 가치관을 갖고 살았던 사람이었다고 기억해 주면 좋겠다. 그리고 나를, 하나님을 사랑했고, 너희를 사랑했으며, 인생을 즐기며 살았던 자로 기억해 준다면 나는 더없이 기쁘겠다. 너희가 새 가정을 만들어 독립했지만 내가 우리 집 가훈으로 지금까지 내걸었던 "항상 기뻐하라. 쉬지 말고 기도하라. 범사에 감사하라 이것이 그리스도 예수 안에서 너희를 향하신 하나님의 뜻이니라(데살로니가전서 5장 16~18절)" 말씀을 계속 실천하려고 노력하기를 바란다.

또 하나 더 추가한다면, 아버지로서 내가 많이 부족했지만 우리 가족이 좋은 남편, 자상한 아버지, 하나님과 동행했던 사람으로 기억해 줬으면 좋겠다. 너희가 이 책을 통해서 기록한 나의 삶과 믿음의 유산을 자랑스러워하며, 그것을 통해 너희가 살아가면서 중요한 일에 직면할 때마다 도움을 줄 수 있는 영감을 얻기를 바란다. 끝으로 내가 세상이 추구하는 부를 많이 축적하지는 못했지만, 너희에게 물려줄 조그만 소유물이라도 잘 관리하고 계승해 주길 바란다.

예수님께 돌아갑시다

세계는 지금 급속한 과학 기술의 혁신과 과도한 도시화로 기후 위기가 증폭되고 자연 생태계가 파괴되고 있다. 또 지역 간, 민족 간, 국가 간 증오심이 격화되고, 전쟁과 분쟁이 쉴 사이 없이 일어나 지구 전체가 몸살을 앓고 있다. '코로나19 전염병'을 통해 경험한 바와 같이 어느 한곳에서 일어나는 위험 요소가 글로벌화된 세상 속에서 빠른 속도로 전 지구에 전파되고 있다.

그런 한편, 하나님을 인정하지 않고 인간의 자유와 인권을 억압하는 정권은 날로 확대되고 있다. 각종 범죄와 테러는 점점 더 흉악해지고, 불법과 편법은 더 기승을 부린다. 자유민주주의를 선택하고 기독교 복음을 받아들인 국가 내에서도 기독교인들이 줄어들고 반기독교인이거나 무신론자들이 더 늘어나는 양상이다. 기독교 공동체에서도 예수님께서 친히 보이셨던 희생과 헌신은 점점 사라져 가고 있다.

예수님께서 죄 많은 인류를 구원하고자 십자가에 못 박혀 돌아가

섰음에도 불구하고 왜 이렇게 우리 인간 세상은 여전히 완악할까? 한 영혼이라도 구원하고자 인내하시는 하나님께서는 언제까지 기다리실까? 예수님께서 곧 오신다고 했는데, 오실 때가 된 것일까? 나만 구원받을 수 있으면 세상이야 어떻게 돌아가든 상관할 필요가 없는 것일까? 그리스도인들에게 부여했던 예수님의 전도와 선교 명령은 어떻게 된 것일까?

여러 각도에서 일어나는 의문은 끊이질 않는다. 그리고 이런 의문에 대한 정답을 쉽게 찾을 수 없을 것이라는 체념을 한다. 그런 중에도 우리가 예수님께 돌아간다면 세상의 모든 문제도 해결될 수 있고 '나'의 구원도 받을 수 있다는 확신을 갖는다. 무엇보다도 나의 구원은 결코 포기할 수 없다. 예수님만이 내가 구원받을 수 있는 유일한 길이므로 그에게 돌아가야 한다.

"하나님의 사랑이 우리에게 이렇게 나타난 바 되었으니 하나님이
자기의 독생자를 세상에 보내심은 그로 말미암아 우리를 살리려
하심이라" (요한일서 4장 7절)

예수님은 지금과 같은 험한 세상 속에 있는 '나'를 살리려고 오셨다. 이것을 깨달으면 우리는 이미 구원을 받은 것이라고 확신할 수 있다. 우리가 하나님을 사랑한 것이 아니라 하나님이 우리를 사랑하여 우리의 죗값을 치르시려고 화목 제물로 그 아들을 보내셨기 때문이다. 이는 곧 예수님께서 그의 성령을 우리에게 주셔서 우리가 그 안

에 거하고 그가 우리 안에 거하시게 되므로 우리는 이미 천국에 있는 것과 같다.

예수님께 돌아간다는 것은 곧 예수님께서 보이신 사랑을 직접 체험하고 실천하는 것을 뜻한다. '사랑'이란 성경에서 무엇이라 말하고 있을까? 고린도전서 13장 4~7절 말씀을 다시 상고해 본다.

"사랑은 오래 참고 사랑은 온유하며 시기하지 아니하며 사랑은 자랑하지 아니하며 교만하지 아니하며 무례히 행하지 아니하며 자기의 유익을 구하지 아니하며 성내지 아니하며 악한 것을 생각하지 아니하며 불의를 기뻐하지 아니하며 진리와 함께 기뻐하고 모든 것을 참으며 모든 것을 믿으며 모든 것을 바라며 모든 것을 견디느니라."

지극히 평범한 진리를 우리에게 알려 주고 있음에도 불구하고 예수님의 '사랑'을 추상적으로 이해했다. 내가 예수님께 진실한 마음으로 돌아갈 때 모든 것에 오래 참고 온유해지며, 시기하지 않고, 무례하게 행동하지 않을 수 있다. 또 교만하지 않고, 성내지 않을 수 있으며, 자기의 유익보다 타인의 유익을 먼저 생각할 수 있다. 악한 것을 마음속으로라도 생각하지 않으며, 불의에 기뻐하지 아니하고, 진리를 발견하고 깨달으면서 기뻐할 수 있다. 이것이 곧 예수님의 사랑이다. 너무나 평범한 진리지만 우리는 그것을 깨닫지 못했고 또 실천하지 못했다.

예수님을 믿는 기독교인들이 세상으로부터 윤리의식 부족을 지적받는 것도 예수님으로부터 너무 멀리 떠나 있었기 때문이다. 하나님은 우리에게 끊임없이 성결하라고 말씀하셨다. 여호수아 3장 5절에 "여호수아가 또 백성에게 이르되 너희는 자신을 성결하게 하라 여호와께서 내일 너희 가운데에 기이한 일들을 행하시리라"고 기록돼 있음을 볼 때 성결하면 기적을 체험할 수 있다. 우리가 기적을 체험하지 못하는 것은 성결함이 부족했기 때문이 아닐까!

예수님께 진심으로 돌아간다면 물질 만능주의에 젖어 온통 부를 추구하는 데 몰두하고 있는 현대인들이 구원을 받을 수 있는 희망을 가질 수 있다. 곧 부자가 천국에 가는 것이 불가능하지만 예수님을 영접하면 가능하다는 것이다. 부자들도 예수님께 돌아가면 천국에 갈 수 있는데 무엇을 주저한다는 말인가? 예수님은 말씀하셨다.

"낙타가 바늘귀로 나가는 것이 부자가 하나님의 나라에 들어가는 것보다 쉬우니라." (마가복음 10장 25절)

예수님께 돌아가면 높은 직위를 지향하면서 시간과 열정을 불태운 수많은 현대인들이 새로운 진리를 깨닫게 될 것이다. 예수님은 이 세상에 오셔서 높은 직위에 올라 섬김을 받으려고 오신 것이 아니라 지극히 낮은 신분으로 사람들을 섬기시려고 오셨다는 것을 발견할 것이다. 예수님께 돌아오는 순간 높은 직위에 오른 자들은 마음을 낮추고 자신 밑에 있는 동료들을 대하는 자세가 달라질 것이다. 진정한 의미에서 인간 내면의 혁신이 일어나는 것이다.

"인자가 온 것은 섬김을 받으려 함이 아니라 도리어 섬기려 하고
자기 목숨을 많은 사람의 대속물로 주려 함이니라." (마가복음 10
장 45절)

결국 우리 모두가 예수님께 돌아가는 것이 완악한 현대의 인간 세
상이 갖는 문제를 궁극적으로 해결할 수 있을 뿐만 아니라 인간 내면
의 변화도 이뤄지면서 예수님께서 보이셨던 진정한 희생과 사랑도 기
대할 수 있다는 결론에 도달한다. 예수님께 돌아간다는 것은 성경
말씀으로 돌아가는 것을 의미한다. 하나님의 말씀은 비록 더딜지라
도 이루어지므로 말씀을 읽고 깨닫고 이뤄질 일을 준비하고 기다려
야 한다. 요한계시록에 기록된 말씀과 같이 마지막 때가 오고 있으니
우리는 속히 예수님께 돌아가 믿음을 온전하게 하고 그날을 준비해
야 하겠다.